Jost Müller-Bohn

Christus-Botschaft unter Stasiterror

Jost Müller-Bohn

Christus-Botschaft unter Stasiterror

Tatsachenberichte

JOHANNIS
LAHR

Die Deutsche Bibliothek – CIP-Einheitsaufnahme:

Müller-Bohn, Jost:
Christus-Botschaft unter Stasiterror : Tatsachenberichte / Jost Müller-Bohn. –
Lahr : Johannis, 1992
(TELOS-Bücher ; 2355 : TELOS-Paperback)
ISBN 3–501–01153–9
NE: GT

ISBN 3 501 01153 9

TELOS-Bücher
TELOS Paperback 72 355

Umschlagfoto: Ullstein – Jürgen Ritter

Gesamtherstellung:
St.-Johannis-Druckerei, 7630 Lahr/Schwarzwald, Postfach 5
Printed in Germany 10872/1992

Inhalt

Vorwort

Nach dem Zusammenbruch des »ersten deutschen Arbeiter- und Bauernstaates« und der Öffnung der Mauer wurden in bundesdeutschen Zeitungen Kommentare veröffentlicht, die den Anschein erweckten, als wären die meisten Christen in der ehemaligen DDR passive Mitläufer des sozialistischen Systems und aktive Informanten des berüchtigten Ministeriums für Staatssicherheit gewesen.

Da ich einst selber in der Hochburg des Kommunismus, und zwar in den Verwaltungs-Dienststellen von Berlin-Pankow mehrere Jahre tätig war und dort mit der Hilfe Gottes das Zeugnis des Evangeliums vor allerhöchsten Staatsfunktionären weitergeben konnte, war ich wegen dieser Berichterstattung geradezu empört. Ich wußte aus eigenem Erleben, daß unzählige treue Zeugen Jesu Christi in den gut 40 Jahren des Gewaltregimes unerschrocken von der Realität der Auferstehung Jesu Christi Zeugnis gegeben haben.

Um allen Lesern von dieser Tatsache einen vielsagenden Eindruck zu vermitteln, habe ich im Frühjahr 1991 eine Besuchsreise durch die neuen Bundesländer unternommen.

Mitglieder der verschiedenen Kirchen und Freikirchen aus dem östlichen Teil Deutschlands, aber auch viele treue Einzelkämpfer berichteten mir von dem Wirken Gottes in der Zeit der Zwangsherrschaft dieses totalitären SED-Staates. Eine kleine Auswahl dieser Erlebnisberichte geben uns Aufschluß darüber, wieviel Glaubensmut das Christsein in den damaligen Tagen erforderte.

Wie zwiespältig und wie willkürlich die Arbeit der Justiz wie auch des berüchtigten Ministeriums für Staatssicherheitsdienst war, zeigt, daß ein Ingenieur aus Freital bei Dresden zu fünf Jahren Zuchthaus ohne Bewährung verurteilt wurde, weil er Traktate und geistliche Schriften aus der BRD im Bekanntenkreis verteilt hatte, während einem anderen Laienprediger durch Stasi-Offiziere die neuesten Traktate und christlichen Broschüren aus der BRD zum eigenen Gebrauch aus Stasi-Dienststellen frei Haus geliefert wurden.

Vielleicht kann diese kurze Abhandlung die Aufmerksamkeit

vieler erwecken, um später dann eine umfassendere Dokumentation von Lebenszeugnissen unerschrockener Christen geben zu können, die sich dem System des Unrechtsstaates und der Ideologie des Atheismus nicht anpaßten.

Ich möchte allen denen, die mir ihre Zeit zur Verfügung stellten, aus ihrem Leben zu erzählen, recht herzlich danken.

Leider hatte ich für diese Fahrt nur wenig Zeit, weil ich durch andere evangelistische Dienste bereits lange vorher terminlich festgelegt war.

So gilt mein besonderer Dank auch allen meinen Mitarbeitern, die mir durch ihre opferbereite Hilfe ermöglichten, diese Schrift in so kurzer Zeit zu verfassen.

Mit dem Wort des erhöhten Herrn Jesus Christus möchte ich diese Berichte auf die Reise schicken:

> *»Ich weiß deine Werke. Siehe, ich habe vor dir gegeben eine offene Tür, und niemand kann sie zuschließen; denn du hast eine kleine Kraft und hast mein Wort behalten und hast meinen Namen nicht verleugnet.*
> *Weil du bewahrt hast das Wort von meiner Geduld, will ich auch dich bewahren vor der Stunde der Versuchung, die kommen wird über den ganzen Weltkreis, zu versuchen, die da wohnen auf Erden.*
> *Siehe, ich komme bald; halte, was du hast, daß niemand deine Krone nehme!«* *(Offb. 3, 8. 10. u. 11)*

Jost Müller-Bohn

Seht, man mußte sie begraben

Seht, man mußte sie begraben,
die der Welt Gebote gaben,
und ihr Wort hat nicht Bestand.
Ihre Häuser wurden Trümmer,
ihre Münzen gelten nimmer,
die man in der Erde fand.

Ihre Namen sind verklungen,
ihre Lieder ausgesungen,
ihre Reiche menschenleer,
ihre Spiegel sind zerbrochen,
ihre Sprache ungesprochen,
ihr Gesetz gilt längst nicht mehr.

Jesu Name wird bestehen,
Jesu Reich nie untergehen.
Sein Gebot gilt allezeit.
Jesu Wort muß alles weichen,
und ihn kann kein Tod erreichen.
Jesus herrscht in Ewigkeit !

Kurier des Königs aller Könige

Im wunderschönen Monat Mai des Jahres 1991 nach Christi Geburt, fahre ich durch meine altvertraute Heimat – so komme ich durch das wiedervereinigte Berlin, – Stadt meiner Jugend –, vorbei am ehemaligen Kontrollpunkt »Drei Linden«. Die verwitterten Gebäude mit den Hallen der großen, schrecklichen Verhör- und Schnüffelanlagen stehen noch. Flott geht es über die Avus durch den Grunewald, vor mir taucht der alte Funkturm auf, ein Wahrzeichen des Freien Berlin.

Über die Stadtautobahn gelange ich zum Kaiserdamm, fahre an der Deutschen Oper und dem Schillertheater vorbei – ordne mich am Ernst-Reuter-Platz in Richtung der Straße des 17. Juni ein, und über die breite Prachtstraße geht es weiter an der Siegessäule vorbei in den Kreisverkehr am Großen Stern. Das wiedereröffnete Brandenburger Tor ist für den allgemeinen Straßenverkehr noch gesperrt, deshalb biege ich ab, drängle mich an der neuen Philharmonie vorbei, erreiche den Platz der berühmten alten Philharmonie an der Bernburger Straße und wende mich dann in Richtung »Checkpoint-Charly«, dem weltbekannten Kontrollpunkt der ehemaligen zweigeteilten Stadt, bis ich jenseits des Brandenburger Tores am »Gendarmenmarkt« mit der herrlichen Kulisse des »Königlichen Schauspielhauses« und dem Französischen Dom ein wenig pausiere. Ich genieße den Anblick dieser stilvollen, alten Bauten und erinnere mich an vergangene Zeiten.

Später holpert mein Wagen über die stark ramponierten Straßen Ost-Berlins bis nach Berlin-Pankow, dem traurig bekanntgewordenen Stadtteil im Norden der ehemaligen Reichshauptstadt, vorbei an dem Regierungsgebäude des ehemaligen Schreckensregimes des sogenannten »Sozialismus des ersten deutschen Arbeiter- und Bauernstaates«, dem Spuk von gestern, wo ich in den fünfziger Jahren meine Berufsausbildung erhielt.

Düstere Erinnerungen steigen in mir auf, Erinnerungen an all die Bespitzelungen und Verhöre durch Stasi und andere Polizeikräfte.

Dann fahre ich über die Reichsstraße 109 zum Stadtrand nach

Schönerlinde. Dort kehre ich im alten Schützenhaus ein, forsche nach ehemaligen Freunden aus der Volksschule und mache noch einen Kurzbesuch bei dem letzten Mitschüler aus meiner Klasse, der noch in dem Dorf wohnt.

Hier in meinem Heimatdorf steht ein Haus, in dem vor Jahren noch eine Bäckerei existierte. Dort habe ich 1948 das Wort Gottes zum erstenmal gehört und mein Leben voll in die Hand Jesu gelegt. Nun bin ich auf dem Weg, um Berichte aufzunehmen von Menschen, die während der letzten 40 Jahre in besonderer Weise ein Zeugnis gegeben haben von dem Herrn Jesus gegenüber den sowjetischen Machthabern.

Darum geht es jetzt weiter in Richtung Norden, vorbei am Gorinsee durch die weiten Wälder des ehemaligen Kreises »Niederbarnim«. In meinem Herzen klingt es aus alten Zeiten, und dann beginne ich zu singen:

»Märkische Heide, märkischer Sand
sind des Märkers Freude,
sind sein Heimatland.
Fliege hoch, du roter Adler,
hoch über Sumpf und Sand,
hoch über dunkle Kiefernwälder,
heil dir, mein Brandenburger Land.«

Am verträumten Werbellinsee halte ich. Eine kurze Pause tut mir gut. Dieser von dunklen Wäldern umgebene See ist die Perle aller märkischen Gewässer.

»Wie ein Gottesauge glänzet,
drüber Abendwolken glühn,
liegt, von Berg und Wald umkränzet,
märchenhaft der Werbellin.«

Doch fort, ihr alten Lieder – weiter geht es über die Autobahn und die verwahrlosten Landstraßen nordwärts; durch Prenzlau, vorbei am wuchtigen Mitteltorturm und der großen Marienkirche, eine der schönsten, gotischen Backsteinbauten der Mark Brandenburg, bis nach Anklam, der kleinen Kreisstadt im Bezirk Neubrandenburg.

Um 1283 war die Stadt Mitglied der Hanse. Hier wurde am 23. Mai 1848 Otto Lilienthal, der Pionier der deutschen Luftfahrt, geboren. Auf dem Marktplatz ragt ein großes Denkmal für den berühmten Sohn der Stadt zum Himmel empor. Doch ich suche den ehemaligen »Kurier des Königs aller Könige« in der Leipziger Allee.

»Wer ist der König der Ehre?
Es ist der Herr, stark und mächtig,
mächtig im Streit.
Machet die Tore weit
und die Türen in der Welt hoch,
daß der König der Ehre einziehe!
Wer ist der König der Ehre?
Es ist der Herr Zebaoth;
er ist der König der Ehre«
(Psalm 24, 8-10).

Nun sitze ich Herrn Simmrow, dem ehemaligen »Abgesandten des Königs aller Könige« gegenüber. Von seinem bewegten Leben berichtet er mir:

»Im Herbst 1950 lernte ich Jesus Christus kennen. Während einer Großevangelisation erging an mich der Ruf: ›Heute, wenn ihr seine Stimme hören werdet, so verstocket eure Herzen nicht‹ (Hebr. 3, 7.8).

Noch an dem selben Abend beugte ich meine Knie vor diesem himmlischen König und bekannte ihm meine Schuld. Von diesem Zeitpunkt an erhielt ich das herrliche Bewußtsein: ›Ich bin von neuem geboren.‹

Dies geschah im gleichen Jahr, als ich meine Lehre als Großhandelskaufmann in Anklam begann. Dort habe ich auch meine Frau kennengelernt, die mir ihr Zeugnis von Jesus Christus mitteilte.

Ich selbst kam aus einem ungläubigen Elternhaus. Wir waren typische Namenschristen. Wohl wurde ich 1949 konfirmiert, innerlich aber war ich Atheist. So trat ich noch vor meiner Hinwendung zu Jesus in die FDJ ein. Ich sah darin eine fantastische Möglichkeit, durch Politik im beruflichen Leben weiterzukommen. Während wir, meine spätere Frau und ich, im September 1950 in der Berufsschule in Ahlbeck, einem Seebad an der Ostsee, weilten, lud mich meine Frau zu einer Bibelstunde ein. Von dem, was damals in der kleinen Gemeinde geredet wurde, habe ich geistlich gesehen überhaupt nichts verstanden. Es war die Zeit, als man in der sowjetisch besetzten Zone noch viele Stromsperren hatte, also äußerlich gesehen dunkel und finster, aber in mir selbst sollte bald das Licht des Evangeliums leuchten. Mich beeindruckten die vielen Jugendlichen, die am Abend am Strand der Ostsee spazierengingen und christliche Lieder sangen:

»Ich bete an die Macht der Liebe,
die sich in Jesus offenbart;
ich geb' mich hin dem freien Triebe,
mit dem ich Wurm geliebet ward;
ich will, anstatt an mich zu denken,
ins Meer der Liebe mich versenken.«

Beim Rauschen des Meeres spürte ich, diese jungen Menschen hatten etwas, was ich nicht kannte. Diese fröhlichen, befreienden Lieder beeindruckten mich sehr:

»Ich will von meinem Jesus singen,
von seiner Gnade, Lieb und Treu,
von seinem bittern Kreuzesleiden,
von seiner Blutskraft, die macht frei.

Singt, o singt von meinem Jesus
von seiner Gnade, Lieb und Treu,
von seinem bittern Kreuzesleiden,
von seiner Blutskraft, die macht frei!«

Seit dieser Zeit zog ich mich von meinen alten Kameraden und Freunden zurück. Einer meiner ehemaligen Freunde riet mir, das Mädchen, daß ich nun kennengelernt hatte, von ihrem christlichen Glauben abzubringen, sonst würde ich in der Ehe viele Schwierigkeiten bekommen.

Durch meine Hinwendung zu Jesus Christus hielt ich mich zur Brüdergemeinde in Anklam. Zunächst hatte ich im Betrieb wegen meines Glaubens noch keine Schwierigkeiten. Bei einer späteren Überprüfung wegen der FDJ-Mitgliedschaft bat ich um meine Entlassung aus dieser Gruppe, was mir aber verweigert wurde.

Meinen Kollegen gab ich stets ein Zeugnis vom Evangelium und hielt mich von allen weltlichen Festen und Feiern fern. Es waren vor allem ältere Kollegen, die den christlichen Glauben lächerlich machen wollten.

»Es gibt überhaupt keinen Gott! – Das ist alles nur Einbildung«, so lästerten sie.

Meine Ausbildung absolvierte ich in der Verwaltungslehre, wurde Großhandelskaufmann und widmete mich später speziell dem Rechnungswesen.

Nach meiner Verwaltungsprüfung wurde ich dann zu einer Finanzschule geschickt. Auch hier war ich ein Außenseiter der Gesellschaft, weil ich mein Zeugnis vom Heil durch Jesus Christus weitergab. Ich hatte dort einen Christen von der katholischen Kirche kennengelernt, mit dem ich geistliche Gemeinschaft pflegte. Er war ein überzeugter Jünger des Herrn, aber er gab sein Zeugnis nicht öffentlich bekannt.

Als ich von der Finanzschule zurückkam, wurde ich als Instrukteur für Rechnungswesen beim Konsum eingestellt. Meine Aufgabe bestand darin, dem Oberbuchhalter bei den Jahresabschlüssen zu helfen. Das war für mich eine neue, sehr interessante Tätigkeit. So fuhr ich mit dem Fahrrad durch den Kreis Anklam von einer Filiale zur anderen, um diese Abschlüsse zu tätigen. Nach einem Jahr wurde ich dann selbst als Hauptbuchhalter in der Kreiskonsumgenossenschaft eingesetzt.

In meinem Kreis gab es 35 Verkaufsstellen, die ich zu betreuen hatte. Im Jahre 1951 wurde ich zum Gemeindeleiter der Brüdergemeinde berufen. Nun begann eine von Jahr zu Jahr stärker werdende Auseinandersetzung mit den örtlichen Behörden. Hauptsächlich ging es darum, eine Druckgenehmigung bekommen zu können. In den fünfziger bis sechziger Jahren mußten alle Einladungszettel oder Schriften, die man drucken lassen wollte, vom Rat des Kreises genehmigt werden, und zwar von der »Abteilung für Inneres«. Später pflegten wir einen sehr intensiven Briefwechsel mit Gläubigen aus der Sowjetunion. Wir begannen, zahlreiche Literatur nach Rußland zu senden.

Im Jahre 1970 trat ich meine erste Reise in die Sowjetunion an, da mir von meinem Betrieb eine Auszeichnungsreise zuerkannt worden war. Dabei schleusten meine Frau und ich die ersten, in die russische Sprache übersetzten Bibeln in das Riesenreich ein. Auf unseren späteren Touristenreisen schmuggelten wir immer wieder auf gefahrvollen Wegen viele Bibeln und christliche Literatur in die Sowjetunion. Aufgrund dieser Aktionen, die natürlich nicht ganz verborgen blieben, begann für uns eine besonders strenge Überwachung durch den Staatssicherheitsdienst. Bei Verhören wurden wir immer wieder gefragt: »Woher kommt diese Literatur? Woher haben Sie die Anschriften? Wohin bringen Sie diese Bücher?«

Es war verboten, christliches Schriftgut in das sozialistische Ausland zu schicken, das nicht in der DDR gedruckt wurde. Da wir jedoch damals alle russischen Bibeln und Schriften aus dem Westen erhielten, mußten wir sie uns auf illegalen Wegen beschaffen, und wie man das bewerkstelligte, wußte niemand von uns. Man glaubt, daß der größte Teil der Literatur mit den Warenlieferungen und Ausstellungsgütern für die Leipziger Messe waggonweise in die DDR geschickt wurden.

Das ging dann so vonstatten: Plötzlich klingelte das Telefon, und irgend jemand erkundigte sich: »Bist du dann und dann zu Hause?«

Und bald darauf wurden uns zwei Zentner Bibeln gebracht.

Diese Kuriere, die die christliche Literatur weitertransportierten, nannten nie einen Namen. Dies war wichtig, falls es zu einem Verhör kam, damit man nicht zu lügen brauchte oder andere Christen in Gefahr bringen mußte. Es wurden auch oft Bibeln mit der Bahn in großen Paketen zu uns gesandt, die man schon an einem Ort irgendwo in der DDR abgeladen hatte und deren Inhalt nur die Kuriere kannten.

Ich hatte immer eine gewisse Angst, wenn diese Bibeln in meiner Wohnung lagen. So stellte ich sie stets in die zweite Reihe meiner Bücherschränke und Bücherregale, so daß sie durch die deutsche Literatur in der vorderen Reihe verdeckt waren. Es kam auch vor, daß ich einige Koffer mit Bibeln in die Garage brachte. Aber immer beschlich mich eine gewisse Furcht, daß man eines Tages einbrechen und dieses geheimnisvolle Gut finden könnte. Viele Bibeln habe ich dann auch an andere Kuriere weitergegeben, die diese christliche Literatur in die »sozialistischen Bruderländer« weitertransportierten.

Auf den Touristenreisen oder auf meinen Dienstreisen wurde ich nie, weder von den deutschen noch von den russischen Zöllnern, kontrolliert. Das war für mich eine wunderbare Führung und Bewahrung Gottes.

Meistens trennten wir uns kurzfristig von der Reisegruppe, um in Moskau, Leningrad, Riga, Stalingrad oder in Kiew die Gemeinden oder einzelnen Mitglieder der Gemeinden aufsuchen zu können.

Einmal fuhren wir mit der Bahn durch Rußland. Später reisten wir nur noch mit dem Flugzeug. Bei unserem ersten Besuch 1970 in Moskau lernten wir die dortige Gemeinde kennen und bekamen Kontakt zu einigen Gläubigen, die uns ansprachen und voller Dank die Bibeln entgegennahmen, um die sie schon so lange gebetet hatten.

Durch den regen Adressenaustausch erhielten wir ständig neue Kontakte und konnten auf diese Weise ein richtiges Netz aufbauen.

Während unserer zweiten Reise ereignete sich ein sehr mysteriöser Zwischenfall in Moskau. Wir wollten zu der Hauptgemeinde gehen, um dort unsere christliche Literatur zu hinterlassen. Ich erklärte meiner Frau, erst einmal allein zu erkunden, ob jemand im Büro der Gemeinde anwesend sei. So ließ ich sie im Park hinter der Metrostation mit den Taschen voller Bibeln allein zurück. Indessen wartete sie auf einer Parkbank auf mich.

Die russische Schwester, die wir von unserem ersten Besuch her kannten, war leider nicht im Büro der Gemeinde. Zwei ältere Brüder aber nahmen mich in Empfang. Sie konnten sich erfreulicherweise sogar mit mir in Deutsch verständigen. Voller Freude teilten sie mir mit , daß sie gern Bibeln entgegennehmen würden.

Plötzlich tauchte ein anderer Russe auf, ein starker, gutaussehender Mann, der äußerst gut gekleidet war. Die älteren Brüder gingen sofort zur Seite und setzten sich quasi von uns ab. Der stattliche Mann war ein sehr redegewandter Russe, der rücksichtslos das Gespräch an sich riß und erklärte, daß er jetzt die Sache mit den Bibeln übernehmen wollte.

Auffallend freundlich bot er mir daraufhin an, mich zu meinem Übernachtungsquartier zurückzufahren. Plötzlich wurde ich innerlich eindringlich gewarnt, mich diesem Mann nicht anzuvertrauen. Leider hatte ich ihm schon erzählt, daß meine Frau im Park hinter der Metrostation auf mich warten würde. Zwangsläufig mußte ich mich nun in seinen Wagen setzen. Wir fuhren zu dem Park, um meine Frau abzuholen, die dort geduldig mit den Taschen voller Bibeln ausharrte.

Als meine Frau in den Wagen stieg, gab ich ihr einen besonderen Wink, der bedeuten sollte: Vorsicht! – Achtung! – Es ist Gefahr vorhanden!

Auf dem Rücksitz saß noch ein anderer Mann, der schweigend alles beobachtete. Wir mußten wieder zurück zu unserem Hotel, da die Reisegruppe programmgemäß weiterfahren wollte. Der mysteriöse Mann wollte uns unbedingt dort hinbringen. So ganz beiläufig fragte der Fremde nach meinem Namen und meiner Heimatanschrift. »Vorsicht!« aber war das Gebot der Stunde, denn ich wußte, durch den Herrn geleitet: Diesem Mann kannst du nicht trauen.

Jetzt passierte mir etwas, was ich unter normalen Umständen nie getan hätte.

Als mich der Unbekannte aus angeblich »rein verwaltungstechnischen Gründen« wegen des Bibeltransportes nach meinen Personalien fragte, nannte ich ihm einen falschen Namen und eine völlig andere Anschrift, so daß meine Frau mich von hinten anstieß. Sie war ganz entsetzt darüber, wie ich so etwas tun konnte. Wir ließen uns auch nicht vor unserem Quartier, sondern vor einem anderen Hotel in der Nähe absetzen, um ihnen zu entgehen. Schnell verschwanden wir um ein paar Ecken, bis wir dann unerkannt unser Hotel erreichten. Die drei Taschen mit den Bibeln mußten wir nun, ob wir wollten oder nicht, dem Unbekannten überlassen. Später wurde uns von den anderen Geschwistern bestätigt, daß Gott uns vor einem gefährlichen Spitzel gewarnt hätte, der, unter dem Vorwand, selbst ein Christ zu sein, viel Unheil in den Gemeinden anstiftete.

Als Gemeindeleiter bekam ich oft Besuch aus der Bundesrepublik Deutschland. Wenn diese Glaubensgeschwister in der Gemeinde öffentlich etwas aus ihrem Leben berichten wollten, mußten wir sogar für sie eine Redeerlaubnis von der politischen Behörde einholen. Wir waren aufgefordert, immer einen schriftlichen Antrag bei der »Abteilung für Inneres« im Rat des Kreises einzureichen, denn man wollte genau wissen, welcher Gast da wäre und mit welchem Fahrzeug er angereist sei.

Anfang der siebziger Jahre wurde uns diese Verordnung im Rat des Kreises erläutert. Wir wurden auf den Ernst der Forderung aufmerksam gemacht. Ich meldete mich zu Wort und sagte: »In unseren Gemeinden ist es üblich, daß unangemeldete Gäste aus dem Ausland, z. B. aus der Sowjetunion, Kanada, Polen oder Westdeutschland, die uns einen Besuch abstatten, uns gerne ein Grußwort sagen, über das wir uns alle sehr freuen.«

Der stellvertretende Ratsvorsitzende des Kreises antwortete großzügig:

»Selbstverständlich ist es gestattet, einen überraschend eingetroffenen Besucher einige Grußworte sagen zu lassen.«

Ermutigt stellte ich sogleich die Frage: »Gibt es ein Gesetz, nach dem das Grußwort zeitlich begrenzt ist?« Der Staatsfunktionär lächelte: »Nein, solch ein Gesetz gibt es nicht.« So ließen wir dann stets unsere Besucher ein Grußwort sagen, das sich oftmals bis zu einer halben Stunde ausdehnte.

Wir standen mit vielen Russen in Verbindung, die häufig in die DDR kamen.

Eines Tages erhielt ich eine Einladung aus Berlin, an einer Arbeitstagung im Ministerium für Bauwesen teilzunehmen. Dieser Termin fiel zeitgleich zusammen mit dem Aufenthalt einer russischen Reisegruppe aus Riga, die nach Berlin gekommen war, um die Hauptstadt der DDR zu besichtigen und kennenzulernen. An dieser Studienfahrt nach Deutschland nahm auch Dimitri Roschior, ein bekannter Glaubensbruder aus Riga, teil. Er setzte sich in Ost-Berlin sogleich telefonisch mit mir in Verbindung. Ich verabredete mit ihm, ihn während der Arbeitstagung in einer Freistunde morgens im Hotel »Stadt Berlin« aufzusuchen.

Am Vormittag des vereinbarten Tages trennte sich Dimitri von seiner Reisegruppe und blieb im Hotel zurück, um mich dort zu empfangen. Leider teilte er mit einem anderen Russen, der nicht gläubig war, dasselbe Hotelzimmer. Der Bruder aus Riga bat ihn darum, doch für eine Weile den Raum zu verlassen. Sein Reisebegleiter willigte ein, und so konnten wir ungestört miteinander sprechen und auch beten.

Dimitri war sehr ängstlich. Er erzählte mir, daß die Reiseleiterin sehr mißtrauisch wurde, als er sie bat, ihm behilflich zu sein, eine Karte nach Anklam abzusenden, um mit mir einen Termin zu vereinbaren. Sie hatte ihm manchen Ärger bereitet. Er war aufgrund seiner Kontakte zu den Christen schon mehrfach negativ aufgefallen und wurde daher in der Reisegruppe besonders beaufsichtigt. Der russische Bruder war so verängstigt, daß er es nicht wagte, mir Schriften oder sonstige Literatur abzunehmen. Nur einige Traktate, besonders aber Kleidungsstücke nahm er gern in Empfang. Alles andere aber sei für ihn unmöglich, gab er mir zu verstehen.

Da ich die russischen Schriften nicht nach Anklam zurücknehmen wollte ließ ich sie am Büchertisch in der Marienkirche in Berlin zurück. Nach Beendigung der Arbeitstagung im Ministerium für Bauwesen traf ich Dimitri dann noch einmal wieder, und wir besuchten gemeinsam das Pergamon-Museum. Es war ein bewegender und unvergeßlicher Tag. Danach sahen wir uns nie wieder.

In Anklam wurde ich sehr oft von einem Stasi-Mitarbeiter besucht und verhört. Dieser Mann nannte sich Johannes Meirich und wohnte in Neubrandenburg. Er besuchte mich auch hin und wieder im Betrieb. Herr Meirich war etwa zehn Jahre älter als ich, sprach südländischen Dialekt, war immer höflich und niemals aufdringlich. Er stellte die typischen Fragen, die von Stasi-Mitarbeitern immer gestellt wurden:

»Kennen Sie Leute von den Zeugen Jehovas? – Kennen Sie Menschen in der DDR, die um ihres Glaubens willen im Gefängnis sitzen?«

Er brachte oft Kalenderzettel oder auch Schriften aus der Bundesrepublik mit, die ich nicht kannte. Er fragte nach Hirtenbriefen der evangelischen oder katholischen Kirche oder nach Bibelzitaten aus verschiedenen Zeitschriften.

Wir behandelten nicht nur das Thema der Religionsfreiheit, sondern auch die politischen Gegenwartsfragen. Oft wußte man nicht, was dieser Mann eigentlich wollte. Er meldete sich stets telefonisch an und fragte mich, wann es mir zeitlich passen würde, um wieder einmal hereinzuschauen.

Im Betrieb raunte man dann: »Bei Simmrows ist die Stasi.«

Meine Sekretärin spöttelte: »Ihr ›Freund‹ kommt wieder.«

In den ersten Jahren seines Erscheinens war ich immer sehr aufgeregt. Aber man gewöhnt sich scheinbar an alles. Wir führten unsere Gespräche manchmal recht offen. Ich sagte ihm geradeheraus meine Meinung zur Staatsform und Gesellschaftspolitik der DDR sowie über die ganze Verlogenheit der Planwirtschaft. Unverblümt ließ ich ihn auch wissen, daß ich als Hauptbuchhalter doch nur »amtiere«, der Betrieb aber kein Entgegenkommen zeige, mich durch angemessene Aufgabenbereiche zu fördern.

»Das geht auch über mein Verständnis vom Sozialismus hinaus«, bestätigte er heuchlerisch meinen Unmut über diese Zustände.

Oft äußerte ich mich auch zu seiner atheistischen Lebenseinstellung:

»Denke ich daran, daß wir alle einmal vor unserem Schöpfer stehen werden, gleichgültig, welche Glaubensauffassung wir hier auf Erden vertreten, dann bin ich froh, daß ich nicht in Ihrer Haut stecke.«

Wenn ich mich von ihm verabschiedete, sagte ich wiederholt ganz offen zu ihm: »Ich werde für Sie beten.«

Während meiner Dienstreise nach Berlin zur Arbeitstagung im Ministerium für Bauwesen staunte ich nicht schlecht, als ich Herrn Meirich an einem Vormittag »ganz zufällig« am Alexanderplatz wiedertraf. War es wirklich ein Zufall oder eine erfreuliche Begebenheit, war es Schicksal oder Vorsehung? – Nein, es war für mich der klare Beweis dafür, daß ich schon wieder beschattet wurde. Die Vermutung liegt nahe, daß das Telefongespräch mit meinem russischen Bruder Dimitri Roschior aus Riga abgehört wurde und Herr Meirich sofort vom Staatssicherheitsministerium den dienstlichen Reisebefehl erhielt, mir nach Berlin zu folgen, um dort alle meine Aktivitäten zu überwachen. Ja, der Arm der Stasi reichte weit über Anklam hinaus; diesem ausgeklügelten Spitzelnetz zu entfliehen, war kaum möglich.

Ende der siebziger Jahre kamen einmal zwei Stasi-Leute zu mir in den Betrieb und wollten wissen, woher ich die russischen Schriften und Bibeln hätte. Als ich mich nicht bereit erklärte, ihnen darüber Auskunft zu erteilen, drohten sie plötzlich: »Wir können Sie auch zu unserer Dienststelle mitnehmen.« (Gemeint war die Stasi-Dienststelle in Anklam.) Ich sagte zu diesen Herren: »Ja, das weiß ich, aber, wenn ich mitkomme zu Ihnen, bin ich gewiß, daß viele für mich beten werden.« Die Stasileute fragten mich darauf: »Woher wissen Sie das?« Ich entgegnete ihnen: »Bevor Ihre Behörde mich zu sich bestellt, informiere ich alle Gemeindemitglieder und alle Christen in der Stadt, und die beten dann so lange für mich, bis Gott eingreift.«

Sie fragten erstaunt und argwöhnisch zugleich: »Das würden Sie wirklich tun?«

»Ja«, antwortete ich und fügte mit Nachdruck hinzu: »Das werde ich tun.« Man hat mich daraufhin niemals zur Stasi bestellt.

Hans-Joachim Simmrow

»Jawohl, Genosse Major, ich bin ein Christ!«

Mit diesem ungewöhnlichen Satz begann für Christian Wabnitz die entschiedene Christusnachfolge. Gott gebrauchte einen Politoffizier für diese Entscheidung.

Christian selbst berichtet von sich:

Ich bin in einer christlichen Familie aufgewachsen und frühzeitig mit dem Evangelium vertraut gemacht worden. Mit meinen Eltern besuchte ich regelmäßig die Gottesdienste, ging in die Sonntagsschule und in die Kinderstunde und habe so die Entwicklung eines Kindes in einem gläubigen Elternhaus erlebt. Schon als Kind wußte ich: die guten Menschen kommen in den Himmel, die schlechten in die Hölle, so wenigstens hatte man mir das gesagt.

Mit elf Jahren bin ich zu einer Kinderbibelwoche gefahren. Dort wurden wir im Evangelium unterwiesen und nach einer gewissen »Seelenmassage«, so habe ich es wenigstens damals empfunden, zu einer Kinderbekehrung geführt.

Als ich 14 Jahre alt war, hatte ich aber ein einschneidendes Erlebnis. Mein kleiner Bruder, gerade dreieinhalb Jahre alt, wurde neben mir von einem Auto überfahren und war auf der Stelle tot. Mein Entsetzen war unbeschreiblich groß. Mein Leben wurde durch diesen schrecklichen Unfall sehr erschüttert. Für mich stellte sich die altbekannte Frage: »Wenn es einen Gott gibt, wie kann er so etwas zulassen? – Warum hat es mich nicht getroffen?« Von diesem Zeitpunkt an stellte ich alles Geistliche in Frage und ging nur noch widerwillig und sehr kritisch in den Gottesdienst. Es kam mit mir sogar soweit, daß ich mir die Frage stellte, ob es überhaupt einen Gott gibt.

Bald hatte ich völlig andere Interessen. Ich las am liebsten Krimis und bekam eine Idealvorstellung vom »harten Mann«, der sein Leben und seine Zukunft mit eigener Hand meistert. Natürlich kamen mir auch andere Gedanken: Wenn es nun Gott doch gibt, wenn er mich wegen meines ganzen Treibens, meiner Taten, Worte und Gedanken einmal zur Rechenschaft ziehen sollte – was dann?

Im Alter von achtzehn Jahren wurde ich mit der Frage konfrontiert, den Militärdienst entweder zu bejahen oder zu verweigern. Es war in der DDR so üblich, daß die überzeugten Christen zu den Bausoldaten gingen. Obwohl meine Eltern wußten, daß mein Glaube nicht mehr echt war, verlangten sie doch, daß ich auch zu den Bausoldaten ginge. Der Schock saß tief, als ich ihnen eröffnete: »Nein, das mache ich nicht, ich gehe zum richtigen Militär.« Ich wollte die Gelegenheit nutzen, mich aus der Gemeinde zurückzuziehen. Da ich mit Begeisterung Sport trieb und mir das Weltbild von einem harten, durchtrainierten Mann vorschwebte, wollte ich zu den Fallschirmjägern gehen. Ich kam aber zu meiner großen Enttäuschung nur zu einer Luftverteidigungseinheit, in der ich nur untergeordnete Dienste zu verrichten hatte.

Als ich das letzte Mal vor Beginn der militärischen Ausbildung zur Gemeinde ging, dachte ich so: »Das ist nun wohl der endgültige Schluß mit der Gemeinde; hier werden mich die Christen nicht wiedersehen.« Beim Packen meiner Sachen steckte ich aber doch meine Bibel, die ich anläßlich der Sonntagsschulentlassung bekommen hatte, in den Koffer. Damals wurde mir vom Gemeindeleiter gesagt: »Das Wort Gottes soll dein tägliches Kraftbrot sein.«

Am nächsten Morgen, als ich mit den anderen Rekruten auf dem Bahnhof stand, wurden unsere Taschen nach Alkohol durchsucht. Als ein Unteroffizier meine Bibel oben auf der Wäsche liegen sah, meinte er: »Na, zum Bibellesen werden Sie keine Zeit bei der Nationalen Volksarmee haben.«

Das reizte mich wieder zu einer Trotzreaktion, und ich dachte: »Aber nun erst recht!«

Aber der Unteroffizier hatte sehr recht, denn in den ersten acht Wochen der Grundausbildung gab es wirklich keine Zeit zum Bibellesen. Es ging alles mit militärischem Pfiff zu, wir mußten von früh bis spät exerzieren. Ich fühlte mich bei dem anstrengenden Dienst recht wohl, da ich körperlich in guter Verfassung war und mir diese Strapazen nichts ausmachten.

Alles änderte sich dann grundlegend, als wir in unsere Standorte verlegt wurden und mich der stupide Wachdienst frustrierte. Dort kam mir alles sehr sinnlos vor. Statt des abenteuerlichen Soldatendienstes, wie ich es mir gewünscht hatte, mußte ich stundenlang Wache schieben. Wegen der nervenaufreibenden Monotonie dieses Kasernendienstes kam mir wieder meine Bibel in den Sinn. Ich dachte, vielleicht könnte ich einmal ganz unverbindlich die Bibel durchlesen, um auf andere Gedanken zu kommen und dürfte dann wohl fähig genug sein, mir selbst ein objektives Urteil zu verschaffen.

Ich überlegte mir: wenn ich täglich zwei Seiten lese, werde ich gut durch die ganze Heilige Schrift kommen, bevor mein Militärdienst zu Ende geht. Danach kann ich ja die Bibel in die Ecke schmeißen und allen sagen: »Ich habe mir meine eigene Meinung gebildet, und damit ist für mich die Sache erledigt.« Ich steckte mir also die Bibel in die Beintasche der Uniform und las täglich zwei Seiten.

Eines Tages, im Spätsommer, hatte ich an einem Tor im Wald Wachdienst. Durch das Tor führte eine Eisenbahnlinie für Munitionstransporte. Das ganze Gelände war durch einen Doppelzaun gesichert und mit einem Hochspannungskabel von tausend Volt umgrenzt. Ein Posten mußte stets das Tor bewachen. Dies war der begehrteste Wachdienst, weil das Tor mitten im Wald lag und man es sich hier unbeobachtet recht bequem machen konnte. Wenn ein Unteroffizier oder ein wachhabender Offizier zur Postenkontrolle kommen wollte, führte sein Weg immer an der Hauptwache vorbei, so daß wir dann von unseren Kameraden sofort durch das Feldtelefon vorgewarnt werden konnten.

Wie gesagt, ich hatte also an jenem Tag Dienst am Eisenbahntor im Wald und freute mich schon darauf. So setzte ich mich an das Tor, legte meine Kalaschnikow (Maschinenpistole) neben mich, holte meine Bibel hervor und begann zu lesen.

Nach einer geraumen Zeit huschte plötzlich ein verdächtiger Schatten über mich. Fassungslos blickte ich mich um. Mir schien der Verstand stillzustehen. Wie aus dem Boden gestampft standen der Kommandeur und der Politoffizier vor mir. Diese beiden Majore hatten im nahegelegenen Sperrgebiet außerhalb des Lagers Pilze gesucht und mich ohne Vorwarnung bei meinem Bibelstudium überrascht.

»Menschenskind, sind Sie denn wahnsinnig geworden, sich hier hinzulegen, so eklatant ihren Postendienst zu vernachlässigen!« schrie der Kommandeur. »Im Zweiten Weltkrieg wären Sie in solch einer Situation erschossen worden! Ist Ihnen das überhaupt klar?«

Zu Tode erschrocken sprang ich auf. Was nun geschah, kann ich mit Worten kaum beschreiben. Da ich ahnte, daß jetzt mit härtester Bestrafung zu rechnen war, schickte ich in meiner Ausweglosigkeit schnell einen Stoßseufzer zum Himmel und betete: »Jesus Christus, du bist mein Herr, hilf mir doch!« Während ich noch versuchte, meine Gedanken zu ordnen, trat der Politoffizier auf mich zu und nahm mir die Bibel aus den Händen. Ich sah, wie seine Stirn sich auf wenig schmeichelhafte Art in Falten legte und seine Lippen verächtlich zuckten, als er darin herumblätterte. Fieberhaft überlegte ich, wie ich mich aus dieser bedrohlichen Zwangslage herausreden könnte, als mir plötzlich die Worte in den Sinn kamen: »Ganz sein – oder laß es ganz sein! Ein halber Christ ist ein ganzer Unsinn.«

Da schaute der Major auf, sah mich durchdringend an und fragte mißtrauisch: »Sie lesen die Bibel? – Sind Sie ein Christ?«

Augenblicklich wurde mir bewußt: »Jetzt gibt es kein Wenn und Aber mehr. Entweder – oder! Du mußt dich jetzt entscheiden! Entweder du gehst den Weg des ewigen Lebens oder du läßt es ganz sein. Blitzschnell besann ich mich, traf die Entscheidung und antwortete mit fester Stimme:

»Jawohl, Genosse Major, ich bin ein Christ!«

Der Kommandeur reagierte darauf wütend und energisch: »Was das bedeutet, können Sie sich ja denken. Solch ein fahrlässiges Wachvergehen wird für Sie noch ein großes Nachspiel haben. Machen Sie sich jetzt zurecht, sie werden hier sofort abgelöst!«

Mit drohender Gebärde verschwanden die beiden ranghöchsten Offiziere des Standortes. Ganz verwirrt schaute ich ihnen nach. Es dauerte eine ganze Weile, bis ich mich wieder beruhigt hatte.

Jetzt, da ich die volle Entscheidung für Jesus Christus getroffen hatte, vernahm ich die klare Stimme des Heiligen Geistes, denn eine nie gekannte Freude zog in mein Herz. Ein sicheres Bewußtsein erfüllte mich: Das war der entscheidendste Moment deines bisherigen Lebens. Gottes Stunde, der Ruf Jesu: »Folge mir!« Ein wunderbarer Friede nahm mir die Angst vor allem, was nun kommen würde. Gott hatte seine Hand auf mein Leben gelegt, und diese Gewißheit gab mir Trost.

Die Majore gingen indessen gleich zur Hauptwache und stauchten den Unteroffizier vom Dienst zusammen: wie es möglich sei, daß ein Soldat während der Wache die Bibel liest. Nach kurzer Zeit wurde ich dann gegen einen anderen Wachposten ausgewechselt und mußte zurück in die Kaserne. Es sprach sich nun gleich im ganzen Standort wie ein Lauffeuer herum, was geschehen war und was ich mir da geleistet hätte. Als ich zur Hauptwache kam, konnten meine Kameraden überhaupt nicht verstehen, daß ich in dieser doch für mich sehr peinlichen Situation noch so froh gelaunt sein konnte. Doch ich hatte Frieden mit Gott gefunden. Von dieser Zeit an bekannte ich mich zu meinem Glauben an Jesus Christus, meinen Erlöser und Erretter.

Natürlich hatte dieser Vorfall ein Nachspiel, aber ich handelte nach dem Wort des Herrn: »Wer nun mich bekennt vor den Menschen, den will auch ich bekennen vor meinem himmlischen Vater.«

Ich wurde bald vor die höheren Offiziere geladen und protokollmäßig vernommen. Freimütig konnte ich allen von Jesus Christus sagen, daß er der einzige Weg, die Wahrheit und das Leben überhaupt ist, daß niemand zum Vater kommt als nur durch ihn. Ich sagte ihnen, daß ich Frieden mit Gott hätte und den ganzen Weg mit Jesus Christus gehen wolle, und fügte hinzu: »Ich gerate auch immer wieder in Gewissensnot wegen irgendeines Schießbefehls. Ich kann aus Glaubensgründen auf niemanden schießen.«

Von Stund an wurde ich von allen Wachdiensten zurückgezogen, und man versetzte mich zum Küchendienst.

In jeder Einheit gab es einen Verbindungsoffizier zum Ministerium für Staatssicherheit. Nach drei Wochen erhielt ich den Befehl, mich bei diesem Offizier vorzustellen. Er war Oberleutnant und wollte mit mir ein Gespräch führen. Zu meinem großen Erstaunen verlief diese Unterredung sehr human, ganz anders, als ich es erwartet hatte. Er erklärte mir, daß es sich hier um eine rückwärtige Einheit handele, die einen wichtigen Dienst erfülle. Er fragte mich: »Wenn hier von feindlicher Seite ein Angriff erfolgt, können Sie es dann verantworten, das Leben Ihrer Kameraden aufs Spiel zu setzen? Sie können sich doch vorstellen, daß jeder, der sich dem militärischen Bereich nähert, nur schlechte Absichten im Schilde führt. Hier kann man doch seinen Feind nur mit der Waffe ausschalten.«

Es war schon Gnade, daß ich nicht schärfer bestraft wurde. Gleich nach dem schrecklichen Zwischenfall schrieb ich einen Brief an meine Eltern und schickte ihn in die Heimat:

4. 10. 1985

Hallo, Ihr Lieben,

erst mal vielen Dank fürs Paket. Ich habe mich natürlich sehr gefreut, besonders über den Brief von Mutti. Nun liege ich schon den dritten Tag in der medizinischen Abteilung. Die Ursache sind Zahnschmerzen, eine dicke Backe. Aus diesem Grunde konnte ich leider nicht auf Urlaub kommen. Montag ging ich gleich zum Zahnarzt, und der hat mich dann in die medizinische Abteilung überwiesen. Wenn ich es recht bedenke, ist es eigentlich gar nicht so schlecht. Erstens habe ich den ganzen Tag absolute Ruhe, und es vergeht Zeit, was in meiner jetzigen Situation nicht unwichtig ist, denn es hat sich in der letzten Zeit etwas Entscheidendes bei mir getan. Angefangen hat es damit, daß ich vor etwa zwei Wochen wieder einmal unser Eisenbahntor bewachen mußte. Ihr müßt wissen, da ist mitten im Wald ein Tor, und wenn ein Zug rein- oder rausfährt, wird es aufgemacht und wieder verschlossen. Dieses Tor muß bewacht werden. Eigentlich ist das der beste Wachpostendienst, den es gibt, denn man hat seine Ruhe und kann tun, was einem beliebt. Man kann eigentlich auch nie erwischt werden, denn wenn wirklich jemand kontrollieren kommt, muß er an der Hauptwache vorbei, und die Kameraden dort rufen vorher über das Feldtelefon an. Deshalb habe ich mir auch gar keine Gedanken gemacht, als ich mir meine Bibel einsteckte, um dort darin zu lesen. Ich hatte mir nämlich vorgenommen, sie in 18 Monaten einmal ganz durchzulesen. Da habe ich mich ins Gras gesetzt und ganz vertieft gelesen. Als ich etwa eine Stunde gelesen hatte, stehen plötzlich unsere beiden Majors vor mir, der Leiter der Dienststelle und der Politstellvertreter, beide in Trainingsanzügen und mit Pilzkörben in den Händen. Die waren ins Sperrgebiet Pilze sammeln gegangen und sind zuvor von außen durchs offene Eisenbahntor gekommen und haben mich überrascht. Jedenfalls war mir nicht ganz wohl, als die so vor mir standen. Schließlich nahm der eine mir die Bibel aus der Hand, blätterte darin und fragte mich, ob ich ein Christ sei. Da habe ich gesagt: »Jawohl, Genosse Major!« Der andere hat was von »unverständlich« und »schwerem Wachvergehen« gesprochen und daß das noch ein großes Nachspiel haben würde. Dann haben sie meine Bibel eingesteckt und sind weitergegangen. Meine Gedanken liefen ziemlich durcheinander, als sie weg waren, aber ich mußte immer an mein »Jawohl, Genosse Major!« denken, und dann fiel mir der Satz ein: »Entweder ganz sein, oder laß es ganz sein!«

Na ja, jedenfalls habe ich mich an dem Eisenbahntor echt bekehrt, und das hat mich auch so froh gemacht. Ihr wißt, daß mir sentimentale Regungen nicht liegen. Das ist vielleicht ein Grund gewesen, warum ich es so lange herausgeschoben habe. Aber nun bin ich ein echter Christ, und das ist auch gut so.

Seid alle recht herzlich gegrüßt von
Eurem Christian.

P. S.: Bitte betet weiterhin für mich.

Christian Wabnitz

Er hetzte, indem er Vorbild war

»Im Namen des Volkes ergeht folgendes Urteil:

Der Angeklagte Johannes Heinze, geb. am 16. 7. 1917, wohnhaft in Leipzig W 33, Holteistraße 12, wird als Leiter einer illegalen Organisation und wegen Verbreitung von Hetzschriften mit Boykotthetze gegen demokratische Einrichtungen und Organisationen des ersten deutschen Arbeiter- und Bauernstaates zu fünf Jahren Zuchthaus ohne Bewährung verurteilt. Wegen der Schwere und des Umfanges des begangenen Staatsverbrechens können dem Angeklagten keine mildernden Umstände zugesprochen werden«. . ., verkündigte der Richter.

Von den Wänden des Bezirksgerichtssaales blicken aus den Bilderrahmen die politischen Götzen des kommunistischen Gewaltsystems, Marx, Engels, Lenin, Stalin und der berüchtigte Statthalter unter sowjetischer Gnade – Walter Ulbricht – herab.

Johannes Heinze, der eben verurteilte und gebrandmarkte »Staatsverbrecher«, steht bescheiden und gefaßt vor seinem irdischen Richter. Sein menschliches Antlitz erinnert keinesfalls an einen gemeingefährlichen Verbrecher, im Gegenteil, er hat einen besonders freundlichen und demütigen Gesichtsausdruck.

Die Staatsanwältin begründet die Schwere seines Verbrechens mit dem lapidaren Satz :

»Er hetzte, indem er Vorbild war!«

Vorbild? In was oder worin?

Johannes Heinze ist ein überzeugter Christ und ein glühender Zeuge Jesu.

Seine ihm zur Last gelegte Schuld besteht darin:

1. Er betreut einen christlichen Hauskreis mit dem Evangelium.
2. Er verbreitet Schriften über das Heil Gottes und seinen Friedensfürsten Jesus Christus.
3. Er erzieht seine Kinder nach den Geboten Gottes.

Für diese »schwerwiegenden Delikte« muß ein unbescholtener Maschinenbauingenieur angeblich »im Namen des Volkes« des sogenannten ersten deutschen demokratischen Arbeiter- und Bauernstaates Deutschlands für fünf Jahre seines Lebens, also für 1825 Tage, hinter Zuchthausmauern verbringen, obwohl in der Verfassung dieses verbrecherischen Gewaltstaates Religionsfreiheit ausdrücklich festgelegt ist.

»Er hetzte, indem er Vorbild war!« – Worin ist wohl dieser sogenannte Staatsverbrecher Vorbild?

Johannes Heinze hatte versucht, Vorbild zu sein nach dem Wort des Apostels Petrus: ». . . daß ihr verkündigen sollt die Wohltaten dessen, der euch berufen hat von der Finsternis zu seinem wunderbaren Licht.«

Dem großen Vorbild Jesus Christus nachzufolgen nach den Worten:

»Denn dazu seid ihr berufen, da auch Christus gelitten hat für euch und euch ein Vorbild hinterlassen, daß ihr sollt nachfolgen seinen Fußstapfen, er, der keine Sünde getan hat, und in dessen Mund sich kein Betrug fand; der nicht wiederschmähte, als er geschmäht wurde, nicht drohte, als er litt. Er stellte es aber dem anheim, der gerecht richtet, der unsere Sünde selbst hinaufgetragen hat an seinem Leibe auf das Holz, damit wir, der Sünde abgestorben, der Gerechtigkeit leben« (1.Petr. 2, 21-24).

Im Staat der großen Ungerechtigkeit zu leben und dabei dem Vorbild Jesu Christi nachzueifern, bedeutet für ihn, Unrecht an sich zu erleiden. Johannes Heinze nimmt diese Strafe an in dem Bewußtsein:

»Denen, die da Gott lieben, müssen alle Dinge zum Besten dienen, denen, die nach seinem Ratschluß berufen sind . . . (Röm. 8, 28).

»Alles sind Gottes Erziehungswege«, schreibt Johannes Heinze später und berichtet aus seinem Leben:

»Ich wurde am 16. 7. 1917 in Dresden geboren. Mein Vater war Kunstmaler. Seine größte Freude erlebte er, als er vor dem Ersten Weltkrieg die Decken- und Wandgemälde in der Erlöserkirche zu Jerusalem künstlerisch entwerfen und gestalten durfte und sie dann auch ausführte. Nach Kriegsausbruch mußte er Palästina, das spätere Israel, verlassen. Er heiratete 1915 in Dresden.

Von meiner Mutter wurde ich im Glauben an Jesus Christus

erzogen. Zu meinem Vater habe ich diese Verbindung nie gefunden, weil er sehr jähzornig war und deshalb auch sehr wenig Verständnis für seine Kinder hatte. Meine Mutter lebte mir aber den wirklichen Glauben vor.

Sie nahm mich 1926 in eine freikirchliche Versammlung mit. Meine erste Predigt, die ich hörte, beinhaltete das Thema des Ungehorsams. »Ungehorsam ist Zaubereisünde«, sagte der Prediger. Ich dachte: »Du wirst jeden Tag wegen Ungehorsam von deiner Mutter bestraft. Das muß ja etwas Furchtbares sein, wenn du dadurch Zaubereisünde begehst.« Mir wurde klar, so kann es mit mir nicht weitergehen; es muß sich in meinem Leben alles grundlegend ändern. Deshalb trat ich vor den Altar Gottes, als alle aufgefordert wurden, sich Gott zu stellen, wenn sie ein neues Leben beginnen wollten. Ich weinte bitterlich über meine Sünden. Irgendwo hörte ich jemand sagen: »Wenn solch ein kleiner Kerl so über seine Sünden weint, wieviel mehr müßten wir es tun.«

Dieser Tag war ein tiefer Einschnitt in meinem Leben und ich nahm mir vor, mit aller Konsequenz dem Herrn Jesus Christus nachzufolgen.

Nach dem Abschluß meiner Schulzeit mit Abitur riet man mir, meine Dienstzeit beim Militär abzuleisten, ehe ich mein Studium zum Ingenieur an der Technischen Hochschule beginnen würde.

In meiner Grundausbildung beim Militär habe ich meinen Glauben an Jesus Christus nicht verleugnet. Gleich am ersten Abend kniete ich an meinem Bett nieder und betete. Ich war Gott sehr dankbar, daß ich in der Kaserne mit nur vier Mann in einem Zimmer untergebracht war. Ich dachte, je weniger im Zimmer sind, desto besser. Doch einer meiner Kameraden berichtete den anderen sofort: »Was denkt ihr wohl, was wir für einen frommen Kameraden haben? Der kniet vor dem Bett nieder und betet.« So war es natürlich am nächsten Tage in aller Munde: »Der Heinze ist ein ganz Frommer!« Zunächst dachte ich, das sei nur ein Nachteil. Aber bald meldeten sich andere Christen bei mir, die auch dem Herrn nachfolgten. So hatte ich mit ihnen geistliche Gemeinschaft.

Die anderen Kameraden konnten oft sehr gemein werden, ja, einige waren mir sehr feindlich gesonnen. Weil mich meine Zimmerkameraden aber beim Gebet derartig störten, kniete ich nicht mehr an meinem Bett nieder, sondern betete im stillen, aber anhaltend auch für meine Gegner. Ich blieb weiterhin im Zeugnis treu und verließ grundsätzlich das Zimmer, wenn irgendwelche öbszöne Geschichten erzählt oder anstößige Bilder herumgereicht wurden. Später war es so, daß sie in meiner Gegenwart keine zweideutigen Witze mehr erzählten. Ich wußte, wie wichtig mein Auftrag war:

»Ihr sollt meine Zeugen sein!« Das galt nicht nur für den weltweiten Missionsauftrag, sondern besonders für meine Nächsten.

In dem Beispiel vom barmherzigen Samariter führt Jesus uns vor Augen, was es bedeutet, Nächstenliebe zu üben. Es geht dem Sohn Gottes nicht um eine gewaltige »ALL-Liebe«, sondern um die Nächstenliebe. Eine berauschende »Fern-Liebe« ist oft gar keine Liebe. Meist halten wir uns mit dieser großartigen »ALL-Liebe« den Nächsten vom Leib. Die Liebe nähert sich stets dem Elenden, sie versucht, ihm echte Hilfe zu bringen. So formulierte es Schiller: »Greif an mit Gott – dem Nächsten muß man helfen.«

Schon die seelische Finsternis im Innern unseres Nächsten sollte uns Anlaß geben, ihm ein Licht zu sein. Es geht um die Nächstenliebe, nicht um die Übernächstenliebe. Für Jesus sind wir heute und morgen immer der Nächste. Deshalb fühlte ich mich stets durch die Liebe Jesu für meinen Nächsten verantwortlich.

Als ich mein Studium aufnehmen wollte, brach der Krieg aus. Ich hatte nur zwei Monate Zeit, um mich zum Studium anzumelden und wollte Ingenieur werden. Dadurch kam ich aber beim Heer in die Feuerwerkerlaufbahn. Ich wurde wegen meiner technischen Begabungen als Arbeitsstellenleiter in der Munitionsfertigung eingesetzt. Oft hatte ich an die 600 Leute anzuleiten. Wir mußten damals auch viel erbeutete Munition sprengen.

Kurz vor Kriegsbeginn hatte ich mich mit meiner Sekretärin verlobt, obwohl Gott mich mehrmals eindringlich gewarnt hatte, dieses Mädchen zu heiraten. Meine Braut wußte von meinem Verhältnis zu Jesus. Sie selbst aber war keine Christin. Ich kannte das Wort des Apostels Paulus sehr gut:

»Ziehet nicht am fremden Joch mit den Ungläubigen. Denn was hat die Gerechtigkeit zu schaffen mit der Ungerechtigkeit? Was hat das Licht für Gemeinschaft mit der Finsternis? Wie stimmt Christus mit Belial? Oder was für ein Teil hat der Gläubige mit dem Ungläubigen? Was hat der Tempel Gottes gemein mit den

Götzen? Wir aber sind der Tempel des lebendigen Gottes; wie denn Gott spricht: »Ich will unter ihnen wohnen und wandeln und will ihr Gott sein, und sie sollen mein Volk sein. Darum gehet aus von ihnen und sondert euch ab«, spricht der Herr, »und rühret kein Unreines an, so will ich euch annehmen und euer Vater sein, und ihr sollt meine Söhne und Töchter sein«, spricht der allmächtige Herr (2.Kor. 6, 14-18).

Obwohl ich in meiner Bekehrung und in verschiedenen anderen Predigten schon mehrfach über den Ungehorsam, die furchtbare Zaubereisünde vor Gott, gehört hatte, beging ich nun diesen unverzeihlichen Fehler. Es ist ein Irrtum zu glauben, es handele sich um ein Kavaliersdelikt in der Gemeinde Jesu, nein, es gilt dann der Satz:

»Irret euch nicht, Gott läßt sich nicht spotten. Denn, was der Mensch sät, das wird er ernten. Wer auf sein Fleisch sät, der wird von dem Fleisch das Verderben ernten« (Gal. 6, 7.8).

Jahrzehnte meines Lebens mußte ich die Frucht dieser Ernte an mir erfahren. Doch als junger Mensch achtete ich nicht auf die Gefahr der Sünde, die Gott durch seine Apostel sehr genau beschrieben hat und durch die er ständig davor warnt.

Als ich mich zum erstenmal mit meiner späteren Frau traf, sie kam zu einem bestimmten Ort mit einer Taxe gefahren, sprach Gott sehr deutlich und unmißverständlich zu mir: »Geh diesen Weg nicht! – Kehr um!« Ich war damals so töricht, daß ich dachte:

»Na, heiraten muß ich doch selbst, also ist das doch meine freie Entscheidung!« Ich war töricht zu glauben, Gott könnte mir einen schlechten Rat geben. Natürlich ist das unsere freie Entscheidung, aber sündhaft, wenn sie gegen den Willen Gottes steht. Es ist und bleibt die uralte Geschichte aus dem Garten Eden:

Aber die Schlange war listiger als alle Tiere auf dem Felde, die Gott, der Herr, gemacht hatte, und sprach zum Weibe: »Ja, sollte Gott gesagt haben: ›Ihr sollt nicht essen von allen Bäumen im Garten?‹« Da sprach das Weib zu der Schlange: »Wir essen von den Früchten der Bäume im Garten; aber von den Früchten des Baumes mitten im Garten hat Gott gesagt: ›Esset nicht davon, rühret sie auch nicht an, daß ihr nicht sterbet!« Da sprach die Schlange zum Weibe: »Ihr werdet keineswegs des Todes sterben, sondern Gott weiß: an dem Tage, da ihr davon esset, werden eure Augen aufgetan, und ihr werdet sein wie Gott und wissen, was gut und böse ist« (1. Mose 3, 1-5).

Der Gegner Gottes schleicht sich ein in das Paradies – der fanatische Machtkampf zwischen Finsternis und Licht entbrennt. Es beginnt meist mit einer leisen, fast unauffälligen Zweifelsfrage: »Ja, sollte Gott wirklich gesagt haben? Muß man denn seine Worte so genau nehmen?«

Absichtlich übertreibt Satan: »Wie bitte? – Ihr dürft von keinem Baum des Gartens essen?« – Er wußte genau, daß dem Menschen erlaubt war, von allen Bäumen zu essen. Trotzdem stellt er unweigerlich die nächste Frage: »Seid ihr denn wie willenlose Marionetten des Schöpfers?«

Die Stufenleiter der Verführung wird uns hier vor Augen gestellt – man könnte meinen, die Schlange habe Psychologie studiert. Nicht mit klingendem Spiel rückt sie an, sondern satanisch geschickt, sehr einfühlsam, ja teuflisch überzeugend. Ich will es einmal in Zahlen ausdrücken:

»Von 999 Bäumen dürft ihr essen, nur von einem nicht? – Wie bitte? –

Eintausendstel gönnt euch der großzügige, erhabene Schöpfer nicht? Da habt ihr aber Gott ganz falsch verstanden. Gott ist großzügig, nicht kleinlich, er ist tolerant und weitherzig! Seht, wie verschwenderisch und spendabel seine Schöpfungswerke sind: – Nein, Gott ist kein Zahlenkrämer, er ist kein Federfuchser, er ist kein Kleinigkeitskrämer oder Haarspalter, kein engstirniger Bürokrat, sondern er weiß genau, wenn ihr dieses I-Tüpfelchen an Glückseligkeit bekommt, werdet ihr sein wie Gott.«

Jetzt hörte auch ich auf die Stimme des Versuchers: »Gerade diese eine Frau, sie gefällt deinen Augen doch so sehr, sie kann dich sehr glücklich machen. Du hast Gott mißverstanden. – Gottes Gebote hemmen dich doch nur, zur richtigen Lebensentfaltung zu kommen – wer es mit Gott so genau hält, der kommt zu kurz im Leben. Setz dich nur einmal darüber hinweg, denn einmal ist keinmal.«

So war es bei mir. Bald war ich der Verführung mit Haut und Haaren, mit Augen, Ohren, Phantasie und Sinnenwelt der Lust verfallen. Gegenüber der Sünde gibt es keine Neutralität: Die

Sünde hat die grausame Eigenschaft zu verlocken, zu versuchen, zu verblenden, zu verdrehen, zu verirren, zu verfinstern und zu verderben.

Was sich im Garten Eden abspielte, hat sich im Laufe der Menschheitsgeschichte milliardenfach wiederholt. – Am Anfang war die Lüge, sie führt in den Ungehorsam – dann in die Gewissensnot und in das Versteckenwollen. Alle Menschen sind in verhängnisvoller Weise in diese Versuchung aus dem Garten Eden verstrickt. Adam ist keine Märchenfigur des 20. Jahrhunderts, nein, Adam ist der Typ des 20. Jahrhunderts, der Mensch aller Zeiten und Perioden. Es ist eine Tatsache: »Wo Adam ist, da ist auch die Schlange, und wo die Schlange ist, da lauert die Sünde des Ungehorsams – deshalb wird Ungehorsam vom Heiligen Geist auch Zaubereisünde genannt.«

Jakobus schreibt:

»Selig ist der Mann, der die Anfechtung erduldet; denn, nachdem er bewährt ist, wird er die Krone des Lebens empfangen, welche Gott verheißen hat denen, die ihn liebhaben. Niemand sage, wenn er versucht wird, daß er von Gott versucht werde. Denn Gott kann nicht versucht werden zum Bösen, und er selbst versucht niemand.

Sondern ein jeglicher wird versucht, wenn er von seiner eigenen Lust gereizt und gelockt wird. Danach, wenn die Lust empfangen hat, gebiert sie die Sünde, die Sünde aber, wenn sie vollendet ist, gebiert sie den Tod« (Jak.1, 12-16).

Ich ließ mich täuschen und willigte in die Versuchung ein.

Wir wollen später meist die Verantwortung für diese Schuld auf andere abschieben. Darum sind wir alle miteinander perfekte Schieber. Nicht ich habe Schuld, sondern die Frau oder der Mann, das Elternhaus, die Umstände, die Freunde, der Nachbar, der Chef, der Charakter, die Verhältnisse, der Krieg, die Nachkriegszeit und alles andere hat Schuld, nur wir selbst nicht. Letztendlich wollen wir alles Gott in die Schuhe schieben mit dem makabren Satz: Warum läßt Gott das alles zu?

Deshalb erklärt Jakobus sehr eindeutig: »Jeder ist für seine Entscheidung zwischen Gut und Böse selbst voll verantwortlich.« Jakobus zeigt uns das Gefälle der Sünde auf: die Begierde, die Gedankensünden, führen zur Tat, und die Verschuldung bringt dann den schleichenden Tod. Der Mensch ist niemals einem undefinierbaren Schicksal ausgeliefert, sondern er wird zum klaren »Nein« gegen die Sünde aufgerufen.

Als ich in diesen ungeheuren Treuebruch eingewilligt hatte, schwieg Gott sieben Jahre lang. Ich hatte nie mehr diese innigste Verbindung zum Herrn wie vorher. Ich vernahm die Stimme des Herrn nicht, ich war vom direkten Gespräch mit Gott wie abgeschnitten.

Im Jahre 1940 heiratete ich, aber schon sieben Monate später schrieb meine Mutter aus der Heimat: »Deine Frau geht hier lustig mit andern Männern aus.«

Zunächst wohnten wir in Torgau, weil sich dort meine Dienststelle befand, bis meine Frau und ich 1941 in das elterliche Haus nach Freital ziehen konnten. In dieser Zeit war ich in der Munitionsfertigung tätig. Ich war damals Offiziersanwärter, konnte aber kein offizieller werden, weil ich noch keine Frontbewährung hatte.

Ein Waffen- und Geräteoffizier, der als Schwerverwundeter in unserer Einheit diente, sagte eines Tages: »Drückeberger gibt es überall. Hier in der Heimat werden die besten Männer zurückgehalten, die eigentlich gesund und kriegsverwendungsfähig sind. Der Heinze sollte auch mal an die Front gehen!«

Er hatte dann meinen Oberst so lange bearbeitet, bis ich an die Front abkommandiert wurde. So kam ich nach Rußland zum Auffrischungsstab der Heeresgruppe Mitte nach Mogilew. Aber auch dort arbeitete ich nur in technischen Bereichen. Ich danke Gott, daß ich nie auf Menschen schießen mußte. Erst 1945 wurde ich zu einem sogenannten Schnelläuferlehrgang nach Berlin abberufen und legte dort meine Prüfung als Waffen- und Geräteoffizier ab. Damals kam ich zu einer Flakbatterie und geriet während der Panzerschlacht bei Halbe am 27. 4. 1945 in sowjetische Kriegsgefangenschaft.

Vom Sammellager Sagan wurden wir nach Heidekrug verlegt und kamen von dort nach Wilna in der Sowjetunion in ein stationäres Kriegsgefangenenlager. So begannen für mich die ersten fünf Jahre der Heimsuchung, denn Gott will uns nicht nutzlos strafen, sondern ist stets bemüht, sein verlorenes Kind »heimzusuchen«. Wir müssen bei den Erziehungsmethoden Gottes manche Plage, Prüfung, Last und Bürde, sehr viele Widerwärtigkeiten und Nöte auf uns nehmen. Deshalb kommen wir in Trübsale, Verzweiflung, Leid, Kummer und viele Traurigkeiten bis hin zur Mutlosigkeit und Schwermut.

Was es bedeutet, fünf Jahre in sowjetischer Kriegsgefangenschaft zu sein, kann man aus unzähligen Schilderungen und Tagebüchern ehemaliger Kriegsgefangener erfahren.

Doch hier will ich berichten, wie Gott mich in allen Anfechtungen und Prüfungen geführt hat und aus allerschwierigsten Situationen rettete.

Ich wurde schwer krank. Man schaffte mich aus dem Kriegsgefangenenlager, weil man den Ausbruch einer Seuche befürchtete. Völlig apathisch lag ich auf einer harten Liege. Ich war einfach lebensüberdrüssig, verzagt und mutlos, hoffnungslos dem Tode preisgegeben. Mein Körper war gefährlich ausgetrocknet und entsetzlich kraftlos, meine Zunge klebte mir am Gaumen. Einmal brachte man mir ein Geschirr mit Suppe. Weil ich tagelang nichts gegessen hatte, fehlte mir die Kraft, den Löffel zu halten. Ich war in erschreckender Weise lebensmüde und wünschte, endlich sterben zu können.

»Ich kann nicht essen«, hauchte ich dem Sanitäter zu. Da nahm er den Löffel und fütterte mich. Mit jedem Löffel Suppe jedoch erwachte in mir neuer Lebensmut und Kraft. Schon nach wenigen Tagen wurde ich wieder in das Gefangenenlager zurückgetragen. Es war mir eine große Lehre: Man stirbt eben nicht in erster Linie an einer Krankheit, sondern dann, wenn es der Ratschluß Gottes ist.

Wir hatten in dem Kriegsgefangenenlager in Wilna weder einen Pfarrer noch einen Prediger. Es tat mir sehr weh, denn ich wußte nur zu gut, daß diese verzweifelten, verratenen und verurteilten Kriegsgefangenen, die innerlich so verbittert und verhärtet waren, unbedingt Trost für die Seele und Gottes Wort brauchten. So entschloß ich mich, die Genehmigung für einen Lagergottesdienst bei der NKWD (im übertragenen Sinne die »bolschewistische Gestapo« – geheime Staatspolizei) zu beantragen. Ein Offizier der berüchtigten Geheimpolizei fragte zynisch, was ich als Ingenieur denn wohl predigen wolle.

»Wenn ich das mit einem Satz sagen soll«, sagte ich entschlossen, »dann will ich über den Text aus dem Galaterbrief sprechen: Die Frucht des Geistes ist: Liebe, Freude, Friede, Geduld, Freundlichkeit, Gütigkeit, Glaube, Sanftmut, Keuschheit« (Gal. 5,22.23).

Der Russe grinste mich frech an: »Das wollen wir Kommunisten auch, wir haben dieselben Ziele wie Sie. Deshalb ist es nicht nötig, Ihnen eine Genehmigung für einen Lagergottesdienst zu geben.«

»Wenn ich Sie also recht verstehe, gibt es demnach in der Sowjetunion, praktisch gesehen, keine Religionsfreiheit?« entgegnete ich ihm.

Der Geheimdienstoffizier wurde sehr ernst. Sofort nahm er mir den schriftlichen Antrag aus der Hand und erteilte mir die Genehmigung zum Gottesdienst im Lager. Von diesem Zeitpunkt an hatte ich natürlich auch ständig einen Spitzel um mich, der alle meine Gespräche und Predigten aufzeichnen mußte, um sie dem Geheimdienst weiterzugeben. Gott, der treue Herr, gab mir aber viel göttliche Weisheit und bewahrte mich vor heimtückischen Anschlägen der Kommunisten.

Im Dezember 1948 wurde ich plötzlich in ein anderes Lager nach Cobryn verlegt. Wollte man vielleicht den unbequemen »Prediger in der Wüste« loswerden?

Kurze Zeit nach meiner Ankunft in dem anderen Kriegsgefangenenlager kam ein Gefangener zu mir und lud mich ein, in eine Baracke zu kommen, wo der Pfarrer Kurt S. mit anderen Gläubigen eine wichtige Frage besprechen wollte.

Bald saß ich im Kreis von etwa 25 Kriegsgefangenen, die mich sehr freundlich begrüßten. Pfarrer S. begann mit folgenden Worten:

»Sie wissen, daß die vier Außenminister der Siegermächte ausgehandelt haben, daß alle Kriegsgefangenen aus der Sowjetunion bis zum 31. 12. 1948 entlassen werden sollen. Bis jetzt sind immer nur Kranke entlassen worden. Die meisten von uns sind nun schon vier bis fünf Jahre in sowjetischer Kriegsgefangenschaft. Der genannte Termin kann von den Russen überhaupt nicht eingehalten werden. Als Christ weiß ich, daß Gott immer einen Ausweg für seine Kinder hat. Wie wir es im Matthäusevangelium lesen:

›Wenn zwei unter euch eins werden, worum sie bitten wollen, das soll ihnen widerfahren von meinem Vater im Himmel. Denn wo zwei oder drei versammelt sind in meinem Namen, da bin ich mitten unter ihnen‹ (Matth. 18, 19.20).

Wir haben bisher wohl jeder einzeln für sich gebetet, daß uns

Gott wieder heimführen möge zu unseren Familien. Hier wird aber gezeigt, daß unser Gebet mehr Kraft hat, wenn wir miteinander eins werden, um für unsere Heimkehr zu bitten. Nun bitte ich um eure Stellungnahme.«

Einer nach dem andern bekräftigte die Richtigkeit dieser Erkenntnis und des Vorgangs. Ich hatte als einziger nichts zu diesem Vorhaben gesagt, deshalb waren alle Blicke jetzt auf mich gerichtet. Als ich so beharrlich schwieg, forderte mich der Pfarrer auf, doch auch meine Meinung dazu zu sagen. Er stellte mich bei den Kameraden vor: »Wir haben heute Bruder Johannes Heinze unter uns. Er hat in einem anderen Kriegsgefangenenlager Gottesdienste gehalten. Nun möchten wir gern noch seine Meinung hören.«

Behutsam erklärte ich: »Meine Meinung würde euch nicht gefallen, deshalb möchte ich lieber schweigen.«

Pfarrer Kurt S. ließ nicht nach. »Lieber Bruder Heinze, gerade deine Meinung würde uns interessieren.«

Wieder begann ich behutsam: »Bitte, versteht mich nicht falsch, liebe Glaubensbrüder. Ich bin nicht deshalb in Kriegsgefangenschaft geraten, weil Deutschland den Krieg verloren hat, sondern weil ich Gott so furchtbar ungehorsam gewesen bin. Deshalb möchte ich nicht eher entlassen werden, bis ich die mir von Gott auferlegte Lektion, nämlich geduldig auf seine Führung im Gehorsam zu warten, gelernt habe.

Dann führt Gott mich sowieso nach Haus. Ich muß also so lange im Kriegsgefangenenlager bleiben, bis ich diese spezielle Lektion gelernt habe.«

Jetzt herrschte betroffenes, großes Schweigen. Ich bin davon überzeugt, daß die meisten dafür kein Verständnis hatten. Vielleicht hielten sie mich für einen Fanatiker, doch ich wußte um die Wahrheit seines Wortes: »Der Vater, der in das Verborgene sieht, wird es euch vergelten öffentlich.« Offensichtlich vernahm Gott, mein Erbarmer, mein Gebet und die Änderung meiner Gesinnung.

Schon zu Jesaja redete der Heilige Geist: »Und er spricht: Machet Bahn, machet Bahn! Bereitet den Weg, räumt die Anstöße aus dem Weg meines Volkes! So spricht der Hohe und Erhabene, der ewig wohnt, dessen Name heilig ist. Ich wohne in der Höhe und im Heiligtum und bei denen, die zerschlagenen und demütigen Geistes sind, auf daß ich erquicke den Geist der Gedemütigten und das Herz der Zerschlagenen. Denn ich will nicht immerdar hadern und nicht ewiglich zürnen; sonst würde ihr Geist vor mir verschmachten und ihr Lebensodem, den ich geschaffen habe. Ich war zornig über die Sünde ihrer Habgier und schlug sie, verbarg mich und zürnte. Aber sie gingen treulos die Wege ihres Herzens. Ihre Wege habe ich gesehen, aber ich will sie heilen und sie leiten und ihnen wieder Trost geben; und denen, die da Leid tragen, will ich Frucht der Lippen schaffen. Friede, Friede denen, die in der Ferne und denen in der Nähe, spricht der Herr; ich will sie heilen« (Jes. 57, 14.19).

Gott wird nicht müde, uns Menschen auf allen Wegen der Verirrungen und des Ungehorsams zu suchen. Das ist aber nicht selbstverständlich, sondern Gnade und Barmherzigkeit. Gottes Grundgesinnung ist stets erbarmende Liebe, die nicht anders kann, als zu warnen und zu mahnen und dem demütigen Menschen von Herzen zu vergeben.

Gott führte es so, daß ich auch im nächsten Kriegsgefangenenlager mit Pfarrer Kurt S. zusammen in einem Erdbunker wohnte. Wir arbeiteten im Straßenbau und gingen gemeinsam täglich den Weg zur Arbeitsstelle. Dabei konnten wir uns gut unterhalten, uns im Glauben stärken und ermuntern. Da wir beide Latein gelernt hatten, konnten uns andere, auch die russischen Wachposten, nicht verstehen. Manche der Kameraden rätselten herum, was wir uns wohl erzählten. Spitzel hatten es bei uns nicht leicht. Unsere Gepräche bestanden fast nur aus Glaubensfragen und Auslegung von Gottes Wort oder persönlichen Erfahrungen, die wir mit Gott gemacht hatten.

Eines Tages, im Juni 1949, wollte ich am Morgen meine Andacht halten und deshalb das Neue Testament aufschlagen. Plötzlich vernahm ich klar und deutlich die Stimme Gottes in meinem Innern:

»Johannes, du hast deine Lektion jetzt gelernt.« Vor Freude vergaß ich, in der Bibel zu lesen. Ich eilte sofort zu Pfarrer Kurt S. und erzählte ihm von der inneren Gewißheit durch die Stimme des Herrn. Er antwortete mir als nüchterner, logisch denkender Mensch: »Dann müßtest du ja jetzt nach Hause kommen.«

»Ja!« rief ich vor Freude.

Doch mein lieber Glaubensbruder gab zu bedenken: »Aber wir haben doch in der letzten Zeit überhaupt nichts von einem Heimattransport oder irgendwelchen Vorbereitungen dazu gehört?«

»Macht nichts«, sagte ich ganz gewiß, »wenn Gott will, wird es geschehen.«

Zwei Tage nach unserem Gespräch kamen wir von der Frühschicht ins Lager zurück. Ganz aufgeregt wurde uns gesagt, daß sich alle sofort ins Sanitätsrevier zur Untersuchung begeben sollten.

Als wir dort ankamen, mußten wir uns entkleiden. Eine russische Ärztin fragte mich: »Was fehlt Ihnen?«

Ich sagte ihr wahrheitsgemäß: »Ich bin gesund.«

Nachdem sie mich von allen Seiten betrachtet hatte, zeichnete sie auf einem Erfassungsblatt hinter meinem Namen einen Pfeil. Als ich in den Vorraum kam, fragte mich der Sanitäter: »Was hast du für ein Zeichen bekommen?«

»Einen Pfeil«, sagte ich. »Dann bist du dabei, dann geht's bald ab in die Heimat.«

In unserer Unterkunft erwartete mich mein Freund Pfarrer Kurt S. Auch er fragte mich gleich: »Was hast du für ein Zeichen?«

Ich lächelte. »Einen Pfeil in Richtung Heimat.« – »Dann bist du dabei, wenn da nicht deine Akte beim sowjetischen Geheimdienst wäre.«

Ohne eine innere Regung sagte ich zu meinem Bruder in Christo: »Es geht nicht nach dem Willen der Menschen, sondern nur nach Gottes Willen. Wie er es will, so geschieht es.«

Nach einer Woche mußte ich zu einer Kontrolluntersuchung bei einem anderen sowjetischen Arzt. Auch er fragte mich zuerst: »Was fehlt Ihnen?«

»Ich bin gesund«, sagte ich klar. Er schüttelte vielsagend seinen Kopf und sagte dann: »Nuladna!« was zu deutsch heißt: »Macht nichts.« Auch hierin prüfte mich Gott der Herr, weil mir bekannt war, daß nur Kranke in die Heimat entlassen werden sollten. Viele meiner Kameraden holte der sowjetische Geheimdienst immer wieder zum Verhör. Ich aber blieb davon verschont. Vielleicht war ihnen auch meine Akte zu dick. Gott weiß alle Dinge zu führen.

Noch eine letzte Prüfung mußten die zur Entlassung bestimmten Kriegsgefangenen bestehen, bevor der Lkw bestiegen werden konnte, der uns an die Eisenbahnwaggons bringen sollte. Zwei russische Offiziere prüften noch einmal die Listen. Es wurde uns deutlich gesagt: »Jetzt werden alle Namen einzeln vorgelesen, jeder sagt dann seinen Dienstgrad.« Ich wußte, Offiziere durften noch nicht entlassen werden. Als ich meinen Dienstgrad genannt hatte, sagte der Russe: »Offzer*?« Sein Kollege winkte ab: »Nuladna« (macht nichts – egal). Gott hatte für meine Heimkehr freie Fahrt gegeben. Am 16. 8. 1949 erreichte ich Freital bei Dresden. Pfarrer Kurt S. kehrte ein Jahr später nach Haus.

In der Heimat

Friedrich Rückert schrieb einst ein Gedicht, in dem es heißt:

»Wer sein ein Hüttchen nennet,
ruht nun darin sich aus;
und wen die Heimat trennet,
den trägt ein Traum nach Haus.«

Jeder Kriegsgefangene kennt nur ein Verlangen, nämlich zurück in die Heimat! Doch welche Heimat war das? Die der Bilder der Jugendzeit? Zur Familie? Zu den Kindern?

Auch ich mußte erfahren, was Friedrich Rückert empfand, als er schrieb:

»Mich fasset ein Verlangen,
daß ich zu dieser Frist,
hinauf nicht kann gelangen,
wo meine Heimat ist.«

Denn bei meiner Rückkehr in die Heimat erfaßten auch mich Kummer und Schmerz. Was war geschehen?

Als ich nach Freital kam, sah ich zwei Jungen, die gerade auf dem Hosenboden den Bahndamm herunterrutschten. Der eine schien mir so etwa sieben Jahre alt zu sein. Als ich sein Gesicht sah, dachte ich, es könnte mein Sohn sein – er war es auch.

Mein Vater empfing mich noch vor unserem Haus mit den Worten: »Ich wollte dir, eh du zu deiner Frau gehst, sagen, was hier geschehen ist. Du kannst nicht wieder zu deiner Frau zurückkehren, denn sie lebt mit einem sowjetischen Offizier zusammen, der als Sprengmeister bei der Wismuth arbeitet.«

Ich war wie vom Schlag getroffen, eine Welt brach in mir zusammen. Das Wort des Herrn bohrte sich von neuem spitz wie ein Stilett in mein Herz:

* Russische Aussprache für »Offizier«

»Irret euch nicht! Gott läßt sich nicht spotten. Denn, was der Mensch sät, das wird er ernten. Wer auf sein Fleisch sät, der wird von dem Fleisch das Verderben ernten . . . « (Gal 6, 7. 8).

Bei der Gattenwahl hatte ich Gott nicht die Treue gehalten, nun mußte ich mein Leben lang ernten, was ich gesät hatte.

Meine Kinder waren achteinhalb und sieben Jahre alt. Da meine Frau weiterhin in diesem Zustand leben wollte, schob ich die Ehescheidung nur wegen der Kinder noch hinaus, um ihnen damit, solange wie nur möglich, wenigstens nach außen hin ein Elternhaus zu erhalten. Erst 1955 reichte ich die Scheidung ein und bekam vom Kreisgericht Freital die Bescheinigung zum Getrenntleben.

Doch bin ich der Zeit vorausgeeilt. Meine politische wie auch geistliche Entwicklung hatte folgenden Verlauf: Schon in der Kriegsgefangenschaft bekam ich durch ein deutliches Reden Gottes den Auftrag, das Evangelium zu verkündigen. Nun aber, nach der Heimkehr aus der sowjetischen Kriegsgefangenschaft, wollte ich Gott die Berufung zurückgeben wegen den neu entstandenen, ehelichen Schwierigkeiten. Denn ich bildete mir ein, bei diesen unerfreulichen Familienverhältnissen könnte ich doch nicht das Wort Gottes verkündigen. Damals sagte ich zum Herrn im Gebet: »Herr, ich kann unmöglich der Berufung nachgehen, denn meine Ehe ist gescheitert und das wird immer ein Hindernis im Dienst sein, den du mir verordnet hast.« Zunächst gab Gott mir ein halbes Jahr lang keine Antwort. Danach aber sprach er sehr deutlich zu mir: »Willst du mir also zum zweitenmal ungehorsam sein?« Erschrocken fuhr ich zusammen und rief:

»Nein, o Herr, ich will dir nicht ungehorsam sein. Aber ich habe doch keine theologische Ausbildung. Ich weiß nicht, wie ich es beginnen soll, und ich werde doch immer den Makel der ehelichen Zerrüttung zu spüren bekommen!«

Gott sprach zu mir: »Wenn du nach Hause kommst, steht der Wagen schon vor der Tür, du brauchst nur einzusteigen.« Zunächst wußte ich mit diesem Wort des Herrn, das mir so deutlich zugesprochen wurde, nichts anzufangen. Als ich an diesem Tag gegen 18 Uhr nach Hause kam, stand ein älterer Mann vor unserer Haustür. Meine Tochter kam mir entgegen und sagte: »Da ist ein Herr, der möchte mit dir hier unter der Eiche eine Andacht halten.«

Der mir unbekannte Mann hatte eine Verbindung zu einem Missionsbund in der Bundesrepublik Deutschland. Das wußte ich zunächst nicht. Ich willigte ein, und als wir unter der Eiche waren, predigte dieser Mann über den Propheten Jesaja aus dem 48. Kapitel, Vers 10: »Siehe, ich habe dich geläutert, aber nicht wie Silber, sondern ich habe dich geprüft im Glutofen des Elends.«

Ich dachte, wenn der Mann diese Einstellung zum Leiden hat, dann ist er ein richtiger Christ. Ich kam überhaupt nicht auf die Idee, daß dieses Verheißungswort ganz persönlich für mich gedacht war. Wer wollte schon im Ofen des Elends erwählt werden? Wohl kannte ich die Berufung Gottes an Saulus von Tarsus. Als ich noch in der Gefangenschaft war, erinnerte ich mich an den Satz aus dem bekannten Buch vom Meister Ekkehard: »Das schnellste Roß, das uns zur Vollkommenheit trägt, ist das Leid.«

Dieses Wort hatte mich dazu geführt, später auch in schwerster Zeit alles anzunehmen, indem ich mir klarmachte: Gott hat alles so gefügt und zugelassen. Du mußt ernten, was du gesät hast. Doch der Herr hat alles wohlgemacht.

Dieser alte Mann unter der Eiche war ein Prediger. Er bat mich, auch ein Wort Gottes während dieser Andacht zu sagen. Ich tat es. Nachdem ich mein Zeugnis abgelegt hatte, sagte er: »Ich brauche dringend einen Mann, der das Wort Gottes verkündigt. Ich habe eine Gemeinde, aber dort ist kein Prediger. Würden Sie das übernehmen? – Allerdings muß ich hinzufügen: »Ich kann Ihnen kein Gehalt bieten. Ich bin aber gewiß, Gott wird Sie versorgen, wenn Sie nach dem Worte Gottes leben.«

Im Augenblick wußte ich, das ist der »Wagen Gottes«, dies ist der Weg, den ich zu gehen habe. Schon nach wenigen Monaten breitete sich das Wort Gottes so aus, daß ich an mehreren Stationen zu predigen hatte. Der Geist Gottes wirkte in mächtiger Weise. Der alte Mann wollte damals meine Eltern sprechen. Er wußte aber von meiner Schwester, daß ich aus russischer Kriegsgefangenschaft zurückgekehrt war.

Ich hatte nicht die Absicht, das Evangelium um Geldes willen zu verkündigen. Deshalb ging ich zum Arbeitsamt in Freital, weil ich dort zu einer Unterredung aufgefordert worden war. Als der Sachbearbeiter meine Zeugnisse von der Schulausbildung geprüft hatte, legte er mir einige Stellenangebote vor. Darauf sagte ich ihm: »Damit keine Mißverständnisse aufkommen, möchte ich Ihnen schon im voraus sagen, daß ich in keine Organisation eintrete, deren Weltanschauung Gott leugnet.«

Der Sachbearbeiter antwortete: »Dann können Sie Ihren Beruf als Ingenieur nicht ausüben.« Ich erwiderte ihm: »Es ist mir gleich, ob ich mit der Hand oder mit dem Kopf arbeite, ich schicke mich in das, was Gott will.«

So erhielt ich eine Zuweisung als Tiefbauarbeiter zur VEB-Bau-Union im Edelstahlwerk Döhlen. Als ich mich bei der Bau-Union meldete, sagte der Angestellte: »Was wollen Sie denn bei uns mit Abitur und Ingenieurausbildung?« Meine Antwort war: »Das Arbeitsamt hat mir gesagt, wenn ich nicht in eine gesellschaftliche Organisation eintrete, kann ich nur als Tiefbauarbeiter beschäftigt werden. Darauf erwiderte der Angestellte: »Nun, dann bitte, wenn Sie richtig zupacken können, mag es wohl gehen.« – »O ja, das hab' ich in der Kriegsgefangenschaft gelernt.«

Zu diesem Schritt auf dem Weg der Demütigung schrieb mir dann noch ein »Hiobsfreund« recht zynisch: »Herr Hochmut hat den Ast, auf dem er saß, selbst abgesägt; wohl zum eigenen Schaden.« Doch erwies es sich, daß die Wahrheit des Wortes: »Die Menschen gedachten, es böse zu machen, aber Gott gedachte, es gut zu machen«, maßgebend ist.

Ich wurde in eine Gleisbaukolonne eingereiht, und unter den Arbeitern lief es wie ein Lauffeuer: »Ein Ingenieur arbeitet um des Glaubens willen als Tiefbauarbeiter.« Bald schätzte man mich als einen hilfsbereiten Kollegen, der fleißig arbeitete, mit dem jedermann im Frieden leben konnte.

Als die politische Leitung das bemerkte, schickte sie einen Redner der »Nationalen Front«, einen gewissen Herrn Bleuel, in meine Brigade. Dieser sollte gegen mich mobil machen und erwirken, daß die Arbeiter es ablehnten, mit mir zu arbeiten. Der Redner sagte: »Wir als fortschrittliche Arbeiter können doch nicht mit einem solchen Staatsfeind, der sich sogar weigert, in den FDGB (Freier Deutscher Gewerkschaftsbund) einzutreten, zusammenarbeiten. Genossen und Kollegen, lehnt die Zusammenarbeit mit ihm ab!«

Da stand ein alter Brigadier, Kollege Höhme, ein überzeugter Kommunist, auf und sagte: »Der Heinze hat wenigstens einen

Standpunkt. Wenn er es um seines Glaubens willen auf sich nimmt, als Tiefbauarbeiter zu gehen, dann kann ich nur sagen: Hut ab! Ich wünschte, es wären alle so.«

Der Redner der »Nationalen Front« ging daraufhin wutentbrannt zu einer anderen Brigade, die mich nicht kannte und versuchte dort, die Kollegen gegen mich aufzuwiegeln. Möglicherweise hätten diese auch die Arbeit mit mir in einem Betrieb abgelehnt, doch Gott sitzt im Regiment. Ein Bauarbeiter, dem das leid tat, daß man mir selbst die Betätigung als Tiefbauarbeiter nicht gönnte, sondern mich zum Erwerbslosen ohne Arbeitslosenunterstützung machen wollte, ging zum Bauleiter und auch zum Oberbauleiter. Diese kamen noch zur rechten Zeit zur Versammlung, wo gegen mich abgestimmt werden sollte. Sie stellten den Redner und erklärten ihm, daß es hier keine Pogromhetze gibt. »Was er trieb, war aber Pogromhetze!« Mit hochrotem Kopf mußte der Mann von der »Nationalen Front« abziehen.

Immer wieder holte man mich zu stundenlangen Aussprachen, aber Gott legte mir die rechten Worte in den Mund, so daß ein Parteisekretär der SED sagte: »Sie können Ihren Standpunkt besser vertreten und beweisen, als wir den unsrigen.«

Die Firma aber kam in große finanzielle Schwierigkeiten. In der Jahresendabrechnung zeigte sich dem Investträger gegenüber ein Minus von einer Million Mark. Da trat der Oberbauleiter an mich heran, ob ich die Ursache zu diesem großen Minus erkennen könnte. Ich stellte eine Analyse an und rechnete ihm die Fehlerquote aus. Meine Erklärung schien ihm so plausibel, daß er mich sofort bat, die Abrechnung gegenüber dem Investträger zu übernehmen. Und Gott war mit mir. Im nächsten Jahr stand die Bau-Union mit einem ausnehmend hohen Plus dem Investträger gegenüber. Von da an wurde ich jahrelang als Arbeitsvorbereiter beschäftigt.

Die politischen Verdächtigungen und Beeinflussungen aber ließen nie nach. Eines Tages wurde ich wiederum zu einem Funktionär des FDGB eingeladen.

Er begann sein Gespräch: »Sind Sie im FDGB?« Ich sagte kurz: »Nein.« – »Es ist doch aber die Organisation, die die Interessen der Werktätigen vertritt«, sagte er.

Darauf fragte ich: »Könnte ich die Statuten des FDGB bekommen?« Er gab mir diese Statuten, und zu meinem Erstaunen las ich: »Der FDGB ist die Massenorganisation der SED.« Ganz entrüstet sagte ich: »Dann kann ich doch gleich in die SED eintreten« und fügte hinzu: »Ich glaube an Gott und kann deshalb nicht in eine atheistische Organisation eintreten. Der Atheismus behauptet, es sei wissenschaftlich erwiesen, daß es keinen Gott gäbe. Demgegenüber kann ich Ihnen bezeugen, daß ich Gott als den Schöpfer des Universums erkenne und ihn persönlich in meinem Leben erfahren habe als einen Gott, der mir hilft.«

Um ihm diesen persönlichen Glauben verständlich zu machen, erzählte ich ihm dann zwei Beispiele, wie Gott mir geholfen hatte.

»Während des Krieges war ich in einem Schützenloch in Dekkung gegangen. Wir standen unter schwerem Beschuß der sowjetischen Artillerie. Plötzlich hörte ich eine deutliche Stimme, die rief: ›Spring sofort in das andere Loch!‹

Fünf Meter von mir entfernt war noch ein Schützenloch. So tat ich es blitzschnell, und mit einem Satz war ich in dem anderen Loch. Kaum hatte ich meinen Kopf in Deckung gebracht, als das eben verlassene Schützenloch von einem Volltreffer erfaßt wurde. Der Einschlag war so heftig, man hätte keinen Knopf mehr von mir gefunden.«

Dann wandte ich mich wieder ganz persönlich dem FDGB-Funktionär zu und sagte zu ihm: »Wer hat mir denn diese Stimme eingegeben: ›Spring in das andere Schützenloch?‹

Jetzt will ich Ihnen ein weiteres Beispiel geben von Gottes Güte und Bewahrung. Während eines Fliegerangriffs in Mogilew hatte ich ein wunderbares Erlebnis. Ich war im Auffrischungsstab, als der Angriff begann. Durch sowjetische Schlachtflieger hatten wir bereits viele Tote zu beklagen. Das ganze Stabsgebäude war zerstört und stand in Flammen. Da kam ein Hauptmann zu uns vier Soldaten, die dort zusammenstanden und sagte: ›Könnt ihr nicht aus dem brennenden Kasino noch schnell ein paar wertvolle Sessel herausholen? An diesen antiken Möbeln liegt mir viel.‹

Als ich mit meinen Kameraden schon im Treppenhaus war, bekam ich plötzlich einen solchen Wadenkrampf, daß ich unfähig war, weiterzulaufen. Die anderen sprangen die Treppe hinauf. Da hörte ich eine krachende Detonation – meine Kameraden fanden alle den Tod. Sie waren von den Flammen bis zur Unkenntlichkeit verschmort.«

Der Funktionär antwortete mir sichtlich beeindruckt: »Aber Millionen Christen sind doch auch im FDGB.«

Ich sagte ganz schlicht: »Wenn es Millionen anders machen, können Sie von mir nicht verlangen, daß ich es nachmache. Wissen Sie, an Gott glauben und an Gott nicht glauben, das ist doch ein solch großer Unterschied wie Feuer und Wasser. Wenn Feuer und Wasser zusammenkommen, ist ein Nebeneinander des einen mit dem anderen nicht möglich. Entweder wird das Feuer das Wasser verdampfen lassen oder das Wasser wird das Feuer auslöschen. So kann ich Ihnen nur sagen: Ich kann Gott und der atheistischen Politik nicht in gleicher Weise dienen. Ich kann nicht in eine Organisation eintreten, deren Weltanschauung Gott leugnet, denn Sie und ich werden einst vor Gottes Richterstuhl stehen. Sie würden dann sagen, dieser Mann hat gewußt, daß es einen Gott gibt, doch aus Furcht vor Repressalien hat er durch seinen Eintritt in eine atheistische Organisation bezeugt, daß sein Glaube nicht soweit reicht, daß man dafür sein Leben lassen kann. Schon aus Verantwortung Ihnen gegenüber gibt es deswegen nur ein unwiderrufliches Nein.«

Als ich 1958 verhaftet wurde und bei meiner Vernehmung auf dieses Gespräch Bezug genommen wurde, sagte man mir, als ich die Statuten des FDGB zitierte: »Das ist eine Lüge.« Man log jetzt wissentlich, denn die Statuten waren in der Zwischenzeit geändert worden und der Satz: »Der FDGB ist die Massenorganisation der SED« war weggelassen. Wenn ich nicht hätte sagen können: Ich habe die Statuten mit eigenen Augen gelesen, hätte man dies als Hetze ausgelegt. Hieraus ist aber auch zu erkennen, daß alle mit Funktionären geführten Gespräche stets beim Stasi zusammenliefen und dort gespeichert wurden.

Meine ersten direkten Erfahrungen mit den politischen Spitzeln vom Ministerium für Staatssicherheit machte ich schon recht bald. Ich hatte in Frauendorf bei Ortrand einen kleinen Hauskreis zu betreuen. Als ich mich eines Tages auf den Gottesdienst vorbereitete, wurde ich innerlich gewarnt: »Geh nur nicht nach Frauendorf!«

Zunächst wollte ich diese Stimme überhören, doch Gott hat Mittel und Wege, seine Boten zu lenken und zu warnen. Da bei mir gerade zu diesem Zeitpunkt eine Urinuntersuchung im Betrieb vorgenommen worden war, sagte mir die Ärztin: »Sie sind schwer krank, ich muß Sie sofort krankschreiben.« Als ich meinen Krankenschein in meiner Firma abgab, sagte mir die Angestellte der Personalabteilung: »Ich will Ihnen aber eines sagen, daß Sie heute ja nicht irgendwo hingehen. Sie müssen zu Hause bleiben, Sie sind schwer krank.«

Jetzt merkte ich deutlich die Weisung Gottes, denn von meinen seelsorgerlichen Diensten wußte diese Frau überhaupt nichts. Kurz darauf erhielt ich eine Postkarte aus Frauendorf, auf der geschrieben stand: »Wir sind ja so froh, daß du nicht zum Predigtdienst gekommen bist, du wurdest hier von drei Herren der Stasi erwartet, die dich schnappen wollten. Sie haben die ganze Zeit auf dich gewartet. Deshalb bitten wir dich inständig: Komm in den nächsten Wochen nicht zu uns.«

Als ich am nächsten Sonnabend den Herrn im Gebet fragte: »Darf ich jetzt wieder den Gottesdienst dort halten?«, hieß es in mir: Nein! – Am dritten Sonnabend vernahm ich in mir auch ein klares Nein, als ich den Herrn fragte, ob ich reisen solle. In der dann folgenden Woche schrieb ich meinen Geschwistern nach Frauendorf: »Ich werde am kommenden Samstag auf alle Fälle zum Gottesdienst anreisen, weil ich von Gott ein klares ›Ja!‹ bekommen habe.«

Am Bahnhof empfing mich ein Bruder aus dem Hauskreis, der mir dringend riet, nicht zu kommen. Weiter sagte er: »An drei Sonnabenden haben die Männer vom Stasi auf dich gewartet, deshalb möchten wir dich bitten, kehre sofort wieder um, und komm nicht zum Gottesdienst.«

»Gott hat mir aber Gnade zu dieser Reise gegeben«, sagte ich und ging mit ihm zum Versammlungsort. Unterwegs hatte ich noch einmal innere Zweifel und fragte den Herrn: »Du hast mir doch während des Gebets versichert, daß ich heute wieder predigen kann. Von meinen Geschwistern aber wird mir geraten, umzukehren?«

»Nein!« hieß es in mir, »sei ganz getrost, diene mir!« Mit großer Freude hielt ich den Gottesdienst, obwohl meine Zuhörer zunächst sehr ängstlich dreinschauten. Ich nehme an, die Herren von dem Ministerium für Staatssicherheit haben ihre Besuche aufgegeben, weil sie dachten, ich hätte jemanden bei ihrer Dienststelle, der mich immer informierte.

In Dresden kam ich in eine weitere bedrohliche Situation im Zusammenhang mit einer Stubenversammlung.

Hier lebte eine tiefgläubige, achtzigjährige Frau. Sie war gelähmt und konnte nicht aus dem Haus. Sie hatte mich gebeten, doch jede Woche einmal bei ihr eine Andacht zu halten. Es war ein Kreis von zehn bis fünfzehn Personen, die sich bei dieser Glaubensschwester versammelten. Um in der Nachbarschaft nicht zu stören und nicht aufzufallen, sangen wir keine Lieder, sondern sprachen über ein bestimmtes Bibelwort und beteten. Nachdem ich die Andacht gehalten hatte, tauschten wir Gedanken mit den Geschwistern aus, und jeder nahm Stellung.

Als ich eines Tages wieder nach Dresden fuhr, um in diesem Hauskreis zu predigen, verspürte ich deutlich eine Mahnung, daß es eine Gefahr gäbe. Doch wie konnte ich wieder umkehren und die anderen warten lassen? So entschloß ich mich, treu zu sein und dorthin zu fahren, ganz gleich, was auch geschehen würde. Wir waren etwa eine halbe Stunde zusammen, als es klingelte. Vor der Tür standen zwei Polizisten und fragten, was wir hier täten. Ich antwortete ihnen: »Wir tauschen Gedanken über biblische Fragen aus.«

»Aber Sie haben diese Versammlung doch gar nicht angemeldet«, sagte der Polizist. »Ja, wir brauchen doch gar nichts anzumelden, weil wir gar keine Organisation sind, sondern nur Menschen, die sich treffen, um uns über Fragen des Alltags zu unterhalten, dann zusammen Kaffee trinken und miteinander beten. Wir behandeln keine besonderen Themen, noch sind wir ein organisierter Personenkreis, sondern nur Menschen, die persönlich Kontakt suchen.«

Die Polizisten stellten nun von allen Anwesenden die Personalien fest, wobei jeder seinen Personalausweis vorlegen mußte. Einer, der uns übel gesonnen war, hatte die Versammlung verraten. Ich erhielt daraufhin eine Aufforderung, nach Dresden in die Schießgasse zu kommen. Dort war nämlich die Zentralstelle für Staatssicherheit. Die Angelegenheit wurde mit mir besprochen. Ich sagte den Herren dort, daß diese Frau gelähmt sei und deshalb darum gebeten habe, bei ihr eine Andacht zu halten. Da holte einer der Angestellten die Schreibmaschine und sagte: »Bestrafen muß ich Sie doch!«

Daraufhin erwiderte ich: »Dann müssen Sie erst einmal nach

dem Gesetz nachweisen, daß wir eine strafbare Handlung begangen haben. Würden wir uns über Materialismus oder Leninismus unterhalten, dann wäre dies nicht strafbar. Da wir uns aber als Christen zusammenfinden im engen Familienkreis, begehen wir eine strafbare Handlung, obwohl laut unserer Verfassung § 42 Religionsfreiheit gewährt ist? Werden wir bestraft, wenn wir uns über Glaubensfragen unterhalten?«

Daraufhin sagte der Angestellte: »Nun, dann werde ich den Fall genau untersuchen, aber dann kann es schlimm für Sie werden.«

Meine Antwort war: »Na bitte, untersuchen Sie den Fall.« Er ging persönlich zu dieser gelähmten Frau. Mit ihrer freundlichen Art empfing sie ihn und sprach mit ihm über das Heil, über Jesus Christus und den Weg zum Himmelreich. Das muß ihn so ergriffen haben, daß er auch aus der Kriegszeit berichtete und meinte, dort Gott erfahren zu haben. Er riet uns, daß wir nicht mehr zu derselben Zeit zusammenkommen sollten.

Wir haben nie mehr etwas von ihm gehört.

Wahrscheinlich hatte er die Akte vernichtet, denn bei meinem späteren Prozeß wurde ich, als ich in der Untersuchungshaft saß, nicht danach gefragt. Es gab also auch anständige Polizisten, die wohl einer Anzeige nachgehen mußten, aber im Sinne des Ermessens entscheiden konnten. Der Herr segne diesen Angestellten und sei ihm gnädig.

Von einem anderen Hauskreis in der Messestadt Leipzig möchte ich noch folgendes berichten:

Im Jahre 1956 kamen Männer vom Ministerium für Staatssicherheit und kontrollierten das Hausbuch meiner Wohnungsvermieterin, einer älteren Dame mit Namen Blum. In ihrer Wohnung leitete ich regelmäßig Hausandachten und Gottesdienste. Ein Hausbuch mußte in jedem Haus geführt werden, und zwar peinlichst genau, sonst hatte man mit schärfsten Repressalien zu rechnen. Man wurde sofort verdächtigt, klassenfeindlichen Elementen und Spionen aus dem kapitalistischen Ausland Unterschlupf zu gewähren. In diesem Buch waren nicht nur der Name und die Anschrift des jeweiligen Besuchers notiert, sondern auch die Kraftfahrzeugnummer auf einem gesonderten Formular. Ja, es mußte auch der Tag der Anreise und Abreise angegeben werden.

Die Stasimänner, die in diese Wohnung kamen, baten zunächst

ganz harmlos: »Wir wollen das Hausbuch nur einmal routinemäßig kontrollieren.«

Als die Männer sahen, daß mein Name als Mieter eingetragen war und ich ja die Hausandachten in der Wohnung dieser älteren Frau hielt, meinten sie: »Die Frau R. im Vorderhaus hat ja auffällig viel Männerbesuch.«

Sie wollten der Frau R. unterstellen, sie hätte in ihrer Wohnung ein berüchtigtes Absteigequartier. So ekelhaft und anrüchig sind oft die Verdächtigungen dieses Regimes gewesen.

Einer von ihnen, der sich meinen Namen und die Anschrift notierte, gab meiner Vermieterin zu verstehen: »Das müssen wir doch einmal eingehend untersuchen.« Er nahm ihr das Versprechen ab, niemandem von diesem Besuch weiter zu berichten.

Frau Blum betete darüber, und es wurde ihr klar, daß sie mir von diesem Besuch unbedingt erzählen mußte. Es war drei Tage vor meiner Verhaftung. Als ich von meiner Arbeitsstelle in Leipzig heimkam, sagte Frau Blum ganz erregt zu mir: »Ich muß dir heute etwas erzählen, was ich eigentlich nicht sagen darf.« Als sie mir nun alles geschildert hatte, fragte ich sie: »Was war denn deiner Meinung nach das Unwichtigste bei diesem Gespräch?«

»›Ach, hier steht ja auch der Herr Heinze, der arbeitet doch in der Firma . . .‹, sagte der Stasimitarbeiter so nebenbei.«

»Das war also das Nebensächlichste? Weißt du, das Nebensächlichste ist bei der Stasi immer das Hauptsächlichste«, gab ich meiner Glaubensschwester erfahrungsgemäß zur Antwort.

Aufgrund dieser Aussage mußte ich mit allem rechnen und begann daheim schon Briefe mit seelsorgerlichem Inhalt zu vernichten, denn für den Staatssicherheitsdienst blieb nichts heilig. Sie benutzten auch Seelsorgergeheimnisse, um daraus politischen Vorteil zu ziehen.

Als zwei Tage später eine Hausdurchsuchung bei mir stattfand, sagte einer der Stasileute zum Schluß sehr verärgert: »Sie haben aber ganze Arbeit geleistet, denn bei Ihnen kann man ja überhaupt kein Material finden.«

Meine Verhaftung geschah in der Firma, in der ich arbeitete. Drei Herren erschienen dort. Ich dachte zunächst, es wären Kunden, die mit mir verhandeln wollten, darum ging ich mit diesen Männern in mein Dienstzimmer. Als sie dort meine Sekretärin erblickten, fragte mich einer der Herren: »Könnte ich Sie bitte allein sprechen?«

So ging ich mit diesem Herrn auf den Flur. Dort legte er mir die Hand auf die Schulter, zeigte mir seinen Ausweis und sagte: »Staatssicherheitsdienst, Sie sind verhaftet!«

Nun hatte ich glücklicherweise zwei Tage vor meiner Festnahme im Deutschlandfunk aus Köln gehört, wie eine Verhaftung in der DDR vor sich geht. So folgte ich dem Ratschlag, sich in einer solchen Situation unbedingt den Haftbefehl zeigen zu lassen.

Deshalb sagte ich: »Bitte, ich möchte erst einmal den Haftbefehl sehen.«

Der Stasimann zeigte mir das Schriftstück. Jetzt war ich informiert, worum es ging und aus welchem Grunde sie mich verhafteten, sonst hätte ich in den fünf Monaten Untersuchungshaft nicht gewußt, weshalb ich überhaupt festgenommen worden war. In diesem Schreiben stand folgende Beschuldigung:

1. Leiter einer illegalen Organisation in Leipzig.
2. Verbreitung von Hetzschriften.
3. Boykotthetze gegen den Staat.

Daraufhin habe ich sofort Haftklage beim Bezirksgericht eingereicht, weil ich mir in diesen bekannten Punkten überhaupt keiner Schuld bewußt war.

So wurde ich von den drei Stasimitarbeitern ins Auto gebeten. Man fuhr mit mir in meine Wohnung. Bei der oben erwähnten Hausdurchsuchung nahmen diese politischen Schergen das Buch mit dem Titel: »Das verborgene Leben mit Christo in Gott« mit. Ich war darüber sehr froh, denn aus diesem Buch konnten sie wirklich über das Leben mit Christus etwas erfahren, falls sie es lasen.

Im Bezirksgericht in Gera wurde ich dann verhört. Mein einziges Gebet war: »Herr, gib, daß ich keinen deiner Jünger belasten muß.«

Denn obwohl solche Christen eben auch nur den missionarischen Auftrag Jesu erfüllten, wußte ich nicht, ob diese den verleumderischen Anschuldigungen und Lügen der Stasi widerstehen konnten.

Wenn ich gefragt wurde: »Wer war bei den Hausversammlungen anwesend?«, oder »Welche Krankenbesuche wurden von wem bei wem gemacht?«, schwieg ich. Ein Mitarbeiter der Stasi sagte daraufhin: »Wenn Sie sich so verhalten, werden Sie höher bestraft, als es das Gesetz verlangt.« Das waren immer die bekannten Einschüchterungsversuche dieses Verbrecherstaates.

Aus ihren Recherchen konnte ich entnehmen, wie eng ihr Bespitzelungsnetz gesponnen war, denn ich mußte schon jahrelang an verschiedenen Orten beobachtet worden sein. Auch hatte das Ministerium für Staatssicherheit in jeder Straße, in jedem Wohnblock, in jedem Haus seine Spitzel, die sogenannten Informanten.

Immer ging es darauf hinaus, daß wir in verschiedenen Städten eine illegale Organisation aufbauen wollten. Wie oft mußte ich an die Worte Jesu denken:

»Wenn sie euch aber führen werden in die Synagogen oder vor die Machthaber und die Obrigkeit, so sorgt nicht, wie und womit ihr euch verantworten oder was ihr sagen sollt; denn der Heilige Geist wird euch in dieser Stunde lehren, was ihr sagen sollt« (Luk. 12, 11.12).

Aber ich dachte auch an die Seligpreisung meines Herrn und Heilandes:

»Selig sind, die um der Gerechtigkeit willen verfolgt werden; denn das Himmelreich ist ihr. Selig seid ihr, wenn euch die Menschen um meinetwillen schmähen und verfolgen und reden allerlei Übles wider euch, so sie daran lügen . . . Seid fröhlich und getrost, es wird euch im Himmel wohl belohnt werden. Denn also haben sie verfolgt die Propheten, die vor euch gewesen sind« (Matth. 5, 10.12).

Da sie ja zumeist alle untereinander logen, war ich wirklich getrost und fröhlich. Stets wußte ich: Mein Erlöser Jesus Christus ist bei mir. Die Methode der Stasi war immer die gleiche. Man zermürbte den Menschen durch pausenlose Verhöre mit Strafandrohungen und mit monatelangem Hinauszögern des Prozesses, indem der Inhaftierte nie über den wirklichen Grund seiner Verhaftung informiert wurde. Bei den Verhören fragte ich die Stasileute manchmal: »Wenn wir in einer Privatwohnung zusammen die Werke von Lenin, Marx, Engels und Stalin lesen würden, hätten Sie wohl nichts dagegen? – Da würden Sie doch sagen: Das ist aber sehr schön! Weil ich nun aber in der Bibel lese, was ja ausdrücklich nach der Verfassung der DDR gestattet ist, und wir uns über Glaubensfragen unterhalten, soll es plötzlich Boykotthetze sein? Könnten Sie mir doch bitte die Logik dieser Anschuldigung erklären? Das zeigt doch, daß die Religionsfreiheit der DDR nur auf dem Papier besteht.«

Wie perfekt das Spitzelsystem dieses Staates funktionierte, geht daraus hervor, daß man jetzt bei den Verhören auf eine Sache zurückkam, die schon Jahre zurücklag, nämlich auf die Zeit, als ich mich scheiden ließ. Damals ließ sich meine Frau durch die ehelichen Konflikte und die darauffolgenden Spannungen dazu hinreißen, bei der SED Hilfe zu suchen, die natürlich für politische Verdächtigungen sehr offen war. Meine Frau teilte ihnen mit, daß die ehelichen Zerwürfnisse nicht durch Ehebruch oder ehewidrige Beziehungen entstanden seien, was ja eine Lüge war, sondern durch meine staatsfeindliche Einstellung. Sie schrieb damals in der Gegenklage: »Wie staatsfeindlich mein Mann eingestellt ist, können Sie daraus ersehen, daß er nicht einmal in den FDGB eintreten will und auch alle sozialistischen Organisationen ablehnt.« Damit hatte sie einen Stein ins Rollen gebracht, der nicht mehr aufzuhalten war. Als sie damals versuchte, ihre Anzeige zurückzunehmen, wurde ihr schroff gesagt: »Das ist leider zu spät. Wir haben Ihre Papiere schon an höhere Dienststellen abgeschickt (also zum STASI gesandt). Hier ist nichts mehr rückgängig zu machen.« Damals kamen drei Herren von dem Rat der Stadt der Jugendhilfe und der Heimerziehung zu mir, um mich einzuschüchtern. Sie teilten mir mit, daß die Kinder bei meiner staatsfeindlichen Einstellung nicht fortschrittlich erzogen würden und forderten von mir, meine Überzeugungen aufzugeben. Ja, sie drohten sogar, mir andernfalls aus staatspolitischen Erwägungen das Sorgerecht zu entziehen. Darauf reagierte ich ihnen gegenüber sehr heftig mit den Worten: »Dazu haben Sie überhaupt kein Recht!«

Sie arbeiteten aber hinter den Kulissen an ihren politischen Zielen weiter, indem sie nun auf den Ehescheidungsprozeß Einfluß nahmen und die Richterin unter Druck setzten.

Doch zurück zu meiner Lage beim Prozeß wegen staatsfeindlicher Umtriebe.

In der Untersuchungshaft war ich zunächst allein in einer Zelle. Als sie aber merkten, daß ich absolut keine Aussagen machen wollte, erhielt ich Gesellschaft, denn sie hatten einen Studenten in meine Zelle gelegt. Das war die übliche Gestapo-Methode, durch einen Dritten etwas in Erfahrung zu bringen oder Gespräche durch gut getarnte Abhöranlagen zu belauschen, um irgendwelche belastenden Aussagen zu erhalten. Ich sagte zu dem Studenten: »Ich habe nichts Falsches gesagt oder getan und hoffe daher, hier sehr bald wieder herauszukommen.«

Während der Verhandlung bekam ich eine sehr schmerzhafte Kiefervereiterung. Ich hatte solche entsetzlichen Schmerzen, daß ich der Verhandlung zeitweilig kaum folgen konnte. Erst danach brachte man mich mit der »Grünen Minna« in die Haftanstalt Waldheim. Nach der Behandlung ließen die Schmerzen bald nach. Als ich dann auf dem Weg nach Waldheim im Polizeiwagen saß, sang ich laut Lob- und Danklieder: »Großer Gott, wir loben dich, Herr, wir preisen deine Stärke. . .«, »Schönster Herr Jesu, Herrscher aller Enden . . .«, »Auf Christen, stimmt ein Loblied an, und laßt uns fröhlich sein . . . «

Zur Verhandlung war meine geschiedene Frau als Zeugin geladen. Zu meinem Erstaunen hielt sie sich in ihren Äußerungen sehr zurück. Dafür hatte sie aber meine Tochter gegen mich aufgehetzt. Als meine Tochter hereingeführt wurde, fragte sie der Richter: »Kennen Sie jemanden von den Angeklagten, die hier stehen?«

Wir waren vier geistliche Brüder und drei Schwestern, die wegen der gleichen Anschuldigung vor Gericht standen.

Meine Tochter antwortete: »Nein!«

Der Richter war über diese Aussage sichtlich erschrocken. Er sagte: »Aber Ihr Vater ist doch hier dabei.«

»Nun, mit dem habe ich nichts mehr zu tun, weil ihm doch sowieso das Sorgerecht entzogen wurde.«

Hierauf wies sie der Richter mit scharfen Worten zurecht.

Die Zeugen der Anklage waren meistens enge Familienangehörige, die entweder geschieden oder mit dem christlichen Wandel ihrer Ehemänner nicht einverstanden waren.

Ich dachte an die Worte des Herrn:

»Meint ihr, daß ich gekommen bin, Frieden zu bringen auf Erden? Ich sage: Nein, sondern Zwietracht. Denn von nun an werden fünf in einem Hause uneins sein, drei gegen zwei und zwei gegen drei. So wird der Vater gegen den Sohn sein und der Sohn gegen den Vater, die Mutter gegen die Tochter und die Tochter gegen die Mutter, die Schwiegermutter gegen die Schwiegertochter und die Schwiegertochter gegen die Schwiegermutter« (Luk. 12, 50.53).

Mein Pflichtverteidiger, ein Kommunist, also ein Mitglied der SED, war über die Art und Weise des Prozesses sehr erzürnt. Immer wieder unterbrach er durch sein lautstarkes Zwischenreden die Verhandlungen, um seinem Ärger Gehör zu verschaffen, bis man ihn schließlich vor der Urteilsverkündigung wegen seiner treffsicheren Argumente aufforderte, den Gerichtssaal zu verlassen.

Er aber ließ sich von den Richtern nicht zurückweisen, sondern hielt ihnen scharf entgegen: »Ich habe in meinem Pflichtmandanten einen hochintelligenten Menschen, der seinen Glauben ebenso vertritt, wie er es sieht und wie er es erkannt hat. Ich kann kein schuldhaftes Verhalten gegenüber dem Staat erkennen. Falls dieser Mann bestraft werden sollte, ist das keinesfalls legitim.«

Nach der Verurteilung brachte man uns in die Strafanstalt nach Waldheim, und zwar unter erschwerten Haftbedingungen. Alle vier Brüder wurden in einen einzigen Kellerraum gesperrt. Trotz schlechter Luft und Mangel an Bewegungsfreiheit ließen wir uns nicht abhalten, täglich unsere Andacht zu halten und Lob- und Danklieder zur Ehre Gottes zu singen. Das hat natürlich den Wachmannschaften nicht mehr gepaßt. Deshalb verlegte man uns in andere Zellen, damit wir uns nicht mehr über Glaubensfragen unterhalten konnten. Im Keller lagen wir nur auf Stroh, also ohne Bettzeug. Außerdem befanden wir uns in einem ziemlich abgedunkelten Raum. Nur durch ein ganz kleines Fenster kam etwas Licht herein.

Nach einigen Wochen wurde ich dann von einem Offizier aus der Zelle geholt und gefragt, ob ich bereit sei zu arbeiten.

»Sie sind Ingenieur und könnten bei einer Firma Konstruktionsarbeiten übernehmen. Wir haben in Torgau eine Zweigstelle von der Firma Zeiss-Jena.«

Ich sagte: »Nun, ich habe jahrelang als Betriebsingenieur gearbeitet und habe alle Konstruktionsarbeiten selbständig ausgeführt, das wäre für mich eine interessante Tätigkeit.«

»Gut, Sie kommen demnächst nach Torgau.«

So wurde ich wie ein Schwerstverbrecher in Handschellen mit der Bahn nach Torgau transportiert. Als wir im Leipziger Hauptbahnhof umsteigen mußten, waren wir umstellt von Hundeführern. Die abgerichteten Hunde folgten uns in einem Abstand von einem halben Meter.

Verfolgt von den Blicken der Passanten, mußte ich in meinem zerrissenen, alten, ehemaligen Militärmantel über die Bahngleise gehen. Wir waren zehn Häftlinge, die in einem Extrawaggon transportiert worden waren.

In Torgau blieb ich zunächst unter erschwerten Haftbedingungen mit mehreren Sträflingen inhaftiert. Da ich nun aber als Konstrukteur arbeiten sollte, wurde ich in eine Einzelzelle verlegt. Bald hatte ich mich eingearbeitet. Mein neuer Arbeitgeber war mit meinen Konstruktionszeichnungen sehr zufrieden.

Bei meiner späteren Entlassung aus der Strafvollzugsanstalt wurde mir auf dem Entlassungsschein die »Beurteilung des beruflichen Werdeganges und der Arbeitsleistung« ausgestellt:

»Herr Heinze war in der Strafvollzugsanstalt als Teilkonstrukteur beschäftigt. Er übt diese Tätigkeit seit Mai 1959 aus und hat stets überdurchschnittliche Leistungen bei einwandfreier Qualität gezeigt. Dafür wurde er insgesamt siebenmal ausgezeichnet. Sein Auftreten gegenüber den Angehörigen des Strafvollzuges gab keinen Anlaß zur Beanstandung.«

In der Strafvollzugsanstalt kam ich mit einem Hilfsschüler zusammen, der noch nicht einmal seinen Namen schreiben konnte. Ein Vollzugsbeamter sagte zu mir: »Können Sie diesem Jungen nicht in Ihrer Zelle Unterricht erteilen, daß er zumindest fähig wird, seine Briefe zu schreiben? Wir müssen ihm nämlich die Briefe schreiben.« So kam der Hilfsschüler täglich in meine Zelle. Innerhalb eines Jahres konnte der Achtzehnjährige lesen und schreiben. Dieser Fall sprach sich herum, so daß ich später mehreren Unterricht geben konnte in Deutsch, Mathematik und auch im Technischen Zeichnen. Nach einiger Zeit hatte diese Art sich in allen Gefängnissen der DDR herumgesprochen, so daß an einem Tag aus allen Strafanstalten Offiziere kamen und einer Unterrichtsstunde beiwohnten. Die Leute waren begeistert. Deshalb hat man bei der Verwaltung der Strafanstalt Torgau den Antrag gestellt, eine vorzeitige Entlassung wegen guter Leistung zu befürworten.

Ein Jahr vor meiner offiziellen Entlassung aus der Haftanstalt Torgau wurde ich eines Morgens zu einem Polizeimeister gerufen.

Wir verstanden uns gut. Er kam jeden Tag in meine Zelle an mein Reißbrett und unterhielt sich mit mir. Der Polizeimeister sprach mich freundlich an und sagte: »Strafgefangener Heinze, wir als Mitarbeiter der Haftanstalt haben die Absicht vorzuschlagen, daß Sie vorzeitig wegen guter Leistung entlassen werden. Sie sind schon siebenmal wegen Ihrer guten Konstruktionsarbeiten prämiert worden, darüber hinaus halten Sie noch Lehrgänge in Deutsch, Mathematik und Technischem Zeichnen. Wir möchten Ihre Leistung anerkennen durch eine vorzeitige Entlassung. Nehmen Sie zu Ihrer Straftat Stellung?«

Ich antwortete darauf: »Herr Polizeimeister, Sie kennen Ihr eigenes politisches System nicht gut. Sie wissen wohl nicht, daß Sie genauso bespitzelt werden wie ich. Wenn ich sage, daß ich im Sinne meiner Anklage schuldig bin, dann werde ich begnadigt und vorzeitig entlassen. Sage ich aber die Wahrheit, daß ich mich der Boykotthetze nicht schuldig gemacht habe, dann bleibe ich bis zum letzten Tag. – Ich möchte Ihnen erklären: Ich bleibe bis zum letzten Tag.«

Nun merkte ich dem gutmütigen Polizeimeister an, daß er mir gern helfen wollte. Darauf erklärte ich ihm: »Herr Polizeimeister, ich bitte Sie, alles so zu schreiben, wie ich es Ihnen gesagt habe, denn Sie sind ja nicht der letzte, der mir diese Frage vorlegt. Ich möchte nicht, daß Ihnen daraus Schwierigkeiten erwachsen.«

Mein Arbeitgeber VEB Zeiss-Jena kam in große Not, als er hörte, daß ich vorzeitig entlassen werden sollte, denn sie hatten keinen weiteren Konstrukteur, der sich in dieses Spezialgebiet eingearbeitet hatte wie ich.

Nun konnte ich meinen Arbeitgeber beruhigen, denn ich blieb bis zum letzten Tag meiner Haftstrafe. Wie gut meine Entscheidung war, bis zum letzten Tag zu bleiben, stellte sich dann nach der Wiedererlangung meiner Freiheit heraus.

Im Juni 1963 mußte ich mich nach meiner Haftentlassung in Leipzig bei dem Rat der Stadt – Abteilung Inneres – melden. Die erste Frage des Abteilungsleiters war: »Werden Sie nun doch dem FDGB beitreten? Wir haben für Sie eine gute Stellung.«

Meine Antwort war deutlich und froh: »Nein, dafür habe ich ja fünf Jahre gesessen.« Der Angestellte sah mich entgeistert an: »Dann haben Sie doch gar nichts gelernt!«

Voller Ironie bemerkte ich mit Nachdruck: »Doch, ich habe sehr, sehr viel gelernt.«

Von einem Juristen erfuhr ich später, daß bei »vorzeitig« entlassenen Strafgefangenen solche Äußerungen schon genügt hätten, um sie sofort wieder einzusperren; und das nicht nur für ein Jahr, sondern mit einer Zusatzstrafe obendrein. Zum Glück hatte ich meine Zeit voll abgesessen, so daß mir dieses Schicksal einer erneuten Verhaftung erspart blieb.

Im Ganzen gesehen war diese Haftzeit eine Schule für mich, in der ich vor Gott stand und viel lernen konnte. Gleich zu Beginn dieser Gefangenschaft betete ich: »Herr, ich habe nur einen Wunsch, daß ich mit dir in diesen ganzen fünf Jahren noch inniger vertraut werde.« Gott war mir in dieser Zeit so nahe wie nie zuvor. Ich kam oft im Geist bis an die Stufen seines Thrones. Solch herrliche Begegnungen hatte ich noch nie erlebt. Ich lernte große Teile der Bibel auswendig und bereitete mich so auf meinen weiteren Predigtdienst vor.

Eine Begebenheit möchte ich noch schildern. Als ich nach Torgau verlegt wurde, hatte die Staatsanwältin wieder Einzelhaft beantragt. So wurde ich in einen kahlen Raum geführt. Vor dem vergitterten Fenster befand sich eine weißgestrichene Blende, damit der Gefangene nichts von der Außenwelt wahrnehmen konnte. Schon beim Betreten dieser Zelle empfand ich eine große Freude, entdeckte ich doch sogleich einen Spruch an der Wand, den ich als liebenswürdigen Gruß von Gott annahm. Einer meiner Vorbewohner mußte also auch ein Jünger Jesu gewesen sein. Er hatte die Worte in lateinischen Buchstaben in die Wand eingeritzt. Sie lauteten: »Amo deum!« und bedeuten: »Ich liebe Gott.«

Augenblicklich fiel dieser Vers in mein Herz, all meine Bedrückung wich, und ich dachte im stillen:

»O Gott, du bist so gut zu mir.«

Eine wunderbare Gewißheit seiner Gegenwart erfüllte mich. Gott selbst hatte mir diese Zelle ausgesucht, um mir zu zeigen: »Ich möchte dir nahe sein. – Ich möchte mit dir reden. – Ich bin bei dir.«

Eines Tages kam ein junger Offizier der Anstaltspolizei, um mit mir zu reden. Er forderte mich auf: »Strafgefangener Heinze, nehmen Sie zu Ihrer Straftat Stellung.«

Ich erklärte ihm, daß ich nach § 19 des Strafergänzungsgesetzes wegen Boykotthetze verurteilt worden sei. Das genügte ihm nicht, und ich mußte ihm meine Straftaten aufzählen. So erzählte ich ihm von unseren Abendandachten in der Wohnung der Familie Blum aus Leipzig, die einmal wöchentlich donnerstags im Kreise von nur vier Teilnehmern stattgefunden hatten. Ich berichtete ihm von der Darstellung im Haftbefehl und im Gerichtsurteil, Leiter einer illegalen Organisation gewesen zu sein. Auch wies ich den Polizeioffizier hin auf die tumultartige Entwicklung der Prozeßführung im Bezirksgericht – nur, weil ich meiner Tochter verboten hatte, ein Gedicht von Heinrich Heine auswendig zu lernen mit dem atheistischen Inhalt:

»Ein Fluch dem Gotte, zu dem wir gebetet, der uns von jäh geäfft und gefoppt!«

Etwas verstimmt hörte der Mann meinen Worten zu:

»Der Lehrer meiner Tochter war deswegen zu mir in die Wohnung gekommen und hatte mich darauf aufmerksam gemacht, daß meine Tochter durch die Abschlußprüfung fallen würde, wenn sie dieses Gedicht nicht auswendig lernte. Des weiteren wurde ich verklagt, weil ich nach der Rückkehr aus der sowjetischen Kriegsgefangenschaft gesagt hatte: ›Ich trete keiner Organisation bei, deren Weltanschauung unseren Gott leugnet.‹ Darauf erhielt ich die abweisende Antwort vom Angestellten des Arbeitsamtes: ›Dann können Sie in Ihrem Beruf als Ingenieur nicht arbeiten!‹«

Ich erzählte ihm alles darüber, wie es mir ergangen war, bis der Polizeioffizier zornig wurde und mir heftig entgegnete: »Wegen solcher Dinge wird keiner in der DDR bestraft! Warten Sie, ich werde jetzt selbst Ihre Akte lesen, und dann komme ich wieder. Dann werden Sie für Ihre falschen Aussagen eine noch härtere Strafe dazubekommen!«

Er kam nie wieder in meine Zelle.

Wenn ich heute mein Zeugnis vom Wirken Gottes ablege, so tue ich dieses im vollen Bewußtsein, daß ich bei allem, was mir begegnete, nur ein unnützer Knecht gewesen bin, der einfach bemüht war, seinen Auftrag zu erfüllen.

Unzählige andere Glaubensbrüder und -schwestern werden in anderer Weise Gott erlebt haben, wie Jesus unter Stasi-Terror und

Verfolgung große Wunder getan hat. Jesus Christus hat uns zugerufen: »Wer im Geringsten treu ist, der ist auch im Großen treu; und wer im Geringsten unrecht ist, der ist auch im Großen unrecht« (Luk. 16, 10).

Deshalb soll eine kleine Begebenheit, die sich noch lange vor meiner Verhaftung und Verurteilung zugetragen hat, verdeutlichen, worin Gott mich und wahrscheinlich alle Jünger prüft.

Viele Menschen erschrecken, wenn sie etwas von Verfolgung hören. Die geistliche Wirklichkeit können wir aber in ganz besonderer Weise durch die Umstände des Lebens erfahren. Es steht geschrieben in der Heiligen Schrift: »Alle, die gottselig leben wollen in Christo Jesu, müssen Verfolgung leiden« (2. Tim. 3, 12).

Gottes Fürsorge in Verfolgungszeiten wurde mir eines Tages augenscheinlich gezeigt, da ich durch sie stets aufs neue Wegweisung bekam und anderen eine solche geben konnte.

Ich fuhr mit einem Personenzug nach Ortrand. In Dresden-Neustadt stieg ich in einen alten Personenwaggon der Reichsbahn. Ich betrat ein Abteil, in dem links sechs Personen und rechts fünf Personen sitzen konnten. Beim Betreten des Abteils saß links am Fenster eine Frau. Ich setze mich auf die rechte Seite vorn an das Fenster. Das Abteil füllte sich bald, so daß alle Sitzplätze besetzt waren. Die letzte Station vor Ortrand war Lampertswalde. Plötzlich sprach der Geist Gottes zu mir: »Sag dieser Frau, die dir gegenüber am hinteren Fenster sitzt, daß Gott nie einen Fehler macht.«

Wir lesen in der Heiligen Schrift, wie Menschen vom Geist Gottes in ähnlicher Weise angesprochen wurden. Erlebt man aber tatsächlich solch eine Situation, dann wird einem oft die eigene Feigheit und Verzagtheit offenbar. So betete ich im stillen zu Gott: »Dann müssen aber alle anderen Leute in Lampertswalde aussteigen. Daran will ich erkennen, daß es deine Stimme war.«

Wenn ich ganz ehrlich bin, ich wäre damals froh gewesen, wenn wenigsten einige Menschen im Abteil sitzengeblieben wären, denn es schwirrten allerlei Erwägungen durch meinen Kopf: »Wenn es nun nicht stimmt, was ich glaube, von Gott empfangen zu haben, was soll diese Frau von mir denken? Sie würde sich dann wohl an den Kopf fassen, wenn ich ihr nur diesen einen Satz sage.«

Wenn Gott den Menschen als Werkzeug gebrauchen will, dann versucht der Widersacher Gottes, uns durch angeblich logische Erwägung von dem speziellen Auftrag abzuhalten.

Aber Gott in seiner Güte nahm meine gewünschte Bedingung an. Einer nach dem andern ergriff sein Gepäck und verließ das Abteil. Zu meinem großen Erstaunen mußte ich feststellen, daß jetzt nur diese eine Frau sitzen blieb. Als der Zug in Lampertswalde einfuhr, standen viele Menschen in zwei bis drei Reihen hintereinander auf dem Bahnhof. Sofort kam mir der Gedanke, wenn aber nun wieder einige einsteigen, dann hat sich mein von Gott gefordertes Zeichen nicht erfüllt und ich brauche der Frau diesen Satz nicht zu sagen. Gottes Wunder haben meist eine ganz natürliche Ursache. Dadurch, daß alle Insassen des Abteils, in dem ich saß, auf einmal ausstiegen, suchten sich die in Lampertswalde Einsteigenden natürlich andere Abteiltüren aus, um schneller in den Zug zu gelangen.

Nun saß ich mit dieser besagten Frau doch allein im Abteil. Trotzdem tobte ein geistlicher Kampf in mir wegen der Erfüllung des Auftrages Gottes. Am liebsten hätte ich nichts gesagt.

Da sah ich die Autobahnbrücke, die über die Bahnlinie führte und ich sagte mir: »Wenn du jetzt nichts sagst, dann bist du Gott wieder einmal ungehorsam gewesen, und er wird dir vielleicht nie wieder einen Auftrag geben.«

So faßte ich mir ein Herz, wandte mich an diese Frau und sagte zu ihr:

»Entschuldigen Sie bitte, daß ich Sie anspreche, aber ich möchte Ihnen nur sagen, daß Gott nie einen Fehler macht.«

Die Frau erhob sich ganz erschrocken von ihrem Platz und fragte mich: »Woher wissen Sie denn, daß mein Sohn verunglückt ist?« Ich antwortete ihr ganz gelassen: »Ich weiß nichts von Ihnen oder von Ihrem Sohn, sondern nur, daß Gott es mir ins Herz gegeben hat, Ihnen diesen Satz zu sagen, daß Gott nie einen Fehler macht.«

Jetzt war diese Frau ganz überwältigt und sagte staunend: »Ich habe seit der Abfahrt in Dresden ganz inbrünstig gebetet und Gott gefragt, warum er meinen Sohn verunglücken ließ. Und nun gab er Ihnen den Auftrag, mir zu sagen, daß er nie einen Fehler macht. Das ist wirklich wunderbar.«

Da lief der Zug schon in Ortrand ein, und ich mußte aussteigen. Die trauernde Frau fragte mich: »Sagen Sie mal, sind Sie wirklich ein Mensch?« Ich sagte ihr: »Ja, ich bin ein Mensch wie Sie.« Sie sagte mir noch: »Nun bin ich aber wirklich getröstet!«

Die Frau sah mir noch lange nach, als ich ausstieg. Sie hielt mich wahrscheinlich für einen Engel.

Solch ein Erlebnis wurde in meinem Leben immer wieder ein Anlaß des Trostes auch für mich, wenn mir etwas widerfuhr und ich Gott nicht gleich verstehen konnte. Viele Menschen durfte ich schon mit diesem Satz trösten: »Gott macht nie einen Fehler.« Dadurch konnte auch ich in den vielen Verfolgungen stets gelassen sein, weil ich wußte, der allmächtige Gott, dem keine Fehler unterlaufen, vermag alles. Ihm ist auch nichts zu schwer oder unlösbar. Alles, was uns begegnet, muß an dem Thron Gottes vorüber. Dieser Gott hat mir zu Beginn meines geistlichen Dienstes versichert:

»Wahrlich ich sage euch: ›Es ist niemand, der Haus oder Brüder oder Schwestern oder Mutter oder Vater oder Kinder oder Äcker verläßt um meinetwillen, um des Evangeliums willen, der nicht hundertfältig empfange jetzt in dieser Zeit Häuser und Brüder und Schwestern und Mütter und Kinder und Äcker mitten unter Verfolgungen und in der zukünftigen Welt das ewige Leben« (Mark. 10, 29.30).

Alles, was ich hier in meinem Zeugnis berichtet habe, konnte ich durchleben. Vor über 30 Jahren mußte ich Haus, Bruder, Schwestern, Kinder verlassen, doch mitten unter Verfolgung hat sich dieses Wort erfüllt. Ich habe hundertfältig seine Gnade erfahren. Wir haben einen treuen Gott, dem ich alle Ehre geben will, und ich weiß, was er zusagt, das hält er ganz gewiß. Er hat uns durch seinen Knecht Paulus dieses wunderbare Wort gegeben:

»Und er hat geglaubt auf Hoffnung, da nichts zu hoffen war, auf daß er würde ein Vater vieler Völker, wie denn zu ihm gesagt ist: ›So soll dein Geschlecht sein.‹ Und er ward nicht schwach im Glauben, sah auch nicht an seinen eigenen Leib, welcher schon erstorben war, weil er fast hundertjährig war, noch den erstorbenen Leib der Sarah. Denn er zweifelte nicht durch Unglauben an der

Verheißung Gottes, sondern er ward stark im Glauben und gab Gott die Ehre und wußte aufs allergewisseste: was Gott verheißen, das kann er auch tun. Darum ist's ihm auch zur Gerechtigkeit gerechnet« (Röm. 4, 18.22).

Johannes Heinze

Vom Parteisekretär zum Christusjünger

Mein Vater war, so weit ich denken kann, ein Kommunist – meine Mutter eine überzeugte Christin. Als Kind wurde ich deshalb hin- und hergerissen; einmal glaubte ich an Gott, dann wieder an den Kommunismus. Als mein Vater nicht mehr zu Hause war, hat meine Mutter es durchgesetzt, daß wir alle getauft wurden.

Für mich aber stand der Entschluß fest: Wenn du alt genug bist, gehst du nicht mehr zur Kirche. Mit fünfzehn Jahren war ich sehr trotzig und ungehorsam. Nach Abschluß der Mittelschule lernte ich den Beruf des Schriftsetzers. In dieser Zeit machte ich Bekanntschaft mit einem jungen Mann und bekam bald ein Kind. Darauf mußte ich meine Lehre abbrechen. Leider ließ mich der Mann sitzen. Später habe ich einen anderen Mann kennengelernt, aber er war Alkoholiker. Es war eine grausige Zeit der Depressionen und der Hoffnungslosigkeit. Ich war gezwungen, arbeiten zu gehen, während er das Geld versoff. – Deshalb habe ich mich später scheiden lassen.

Ich arbeitete damals im Dieselmotorenwerk in Schönebeck an der Elbe. Aufgrund einer politischen Werbeaktion trat ich 1967 in die SED ein. Der politische Same, den mein Vater gelegt hatte, ging auf. Ich wollte das Heil in der Lehre von Marx und Engels suchen. Ich war begeistert von der Idee, daß alle Menschen gleich sind, daß es durch den Sozialismus soziale Gerechtigkeit gibt und hatte die Hoffnung, ein Paradies auf Erden zu erleben.

Jeder konnte im Krankheitsfall zum Arzt gehen, er bekam jedes Medikament, soweit es vorhanden war, bezahlt. Ein Kindergartenplatz war für jedes Kind eingeplant und kostete nur 35 Pfennige pro Tag. Da mit diesem Geld niemals ein Kindergartenplatz unterhalten werden konnte, war diese Einrichtung in der DDR staatlich subventioniert. Diese Gesellschaftsform fand ich sehr gut. Wir hatten einen Abteilungsleiter, der ein Major bei der Luftwaffe war. Als APO-Sekretär des Betriebes brauchte er dringend einen Stellvertreter. APO war eine Abteilung der Parteiorganisation im Betrieb. Der Parteiorganisator der jeweiligen Abteilung hatte ein wichtiges Amt. So war ich sehr stolz darauf, als man mich zu seinem Stellvertreter berief. Ich besuchte eine Parteischule. Dort wurde mir aber nahegelegt, endlich aus der katholischen Kirche auszutreten.

So ging ich zum Amtsgericht, um meinen Austritt zu erklären. Bei der ganzen Sache hatte ich ein sehr schlechtes Gewissen, doch anklagende Gedanken unterdrückte ich.

Mit der Zeit erkannte ich aber innerhalb der Parteigesellschaft allerlei Ungerechtigkeiten. Deshalb wurde ich ein sehr unbequemes Parteimitglied, weil ich laufend die Mißstände aufzeigte und gegen alle Ungerechtigkeiten protestierte. Eines Tages bat ich darum, nicht mehr zum APO-Sekretär gewählt zu werden. Ich sei aus gesundheitlichen Gründen nicht mehr in der Lage, Programme und Reden vorzubereiten. Jeden Monat mußte eine Versammlung stattfinden, und in unserer Abteilung waren 36 Parteigenossen, die überzeugte Kommunisten waren, denen man politisch schon etwas bieten sollte.

Danach habe ich die Facharbeiterprüfung als Kontrolleur zur Qualitätskontrolle gemacht. In dieser Zeit wurde in unserer Abteilung ein neuer Meister eingestellt, dessen Frau eine Christin war. Dieser Mann war auch Parteimitglied. Nach seiner Bekehrung zu Christus wollte er keine politische Funktionen mehr behalten, da er sie mit seinem Glauben nicht mehr vereinbaren konnte. Als APO-Sekretärin wußte ich vor allen anderen, daß er in Unehren aus der Partei ausgeschlossen worden war. Weil dieser Mann dann seine gesellschaftliche Konsequenz gezogen hatte, wurde er als Straßenkehrer im Betriebsgelände eingesetzt. Dies empfand ich bei solch einem Meister seines Faches als eine empörende Diskriminierung.

Er selber empfand das wahrscheinlich gar nicht so und verrichtete gelassen seine einfache Arbeit. Von einem anderen Christen, der in unserem Betrieb arbeitete, wurde ich eines Tages angesprochen und mit der Lehre des Evangeliums konfrontiert. Für mich gab es bis zu dieser Zeit nur die evangelische oder die katholische Kirche. Auch von den Zeugen Jehovas hatte ich gehört. Dieser Mann gehörte jedoch zu keiner dieser drei Denominationen. Ich ahnte nicht, daß noch andere Freikirchen existierten und war im

Zweifel, welch einer Sekte dieser junge Christ wohl angehören mochte.

Die Niederträchtigkeiten unserer Parteileitung gegenüber dem früheren Meister und einstigen Parteimitglied veranlaßten mich nach einer gewissen Zeit, meine Ämter in der Partei ebenfalls niederzulegen und mich an keiner gesellschaftlichen Arbeit mehr zu beteiligen.

Prompt wurde mir vorgehalten, daß ich doch in der Bezirksparteischule während der Dienstzeit ausgebildet und somit öffentliche Mittel für meine politische Ausbildung in Anspruch genommen hätte.

Und jetzt, da ich alle Parteiämter niederlegen wollte und mich außerdem gesundheitlich sehr angegriffen fühlte, war für mich plötzlich keine Einsatzmöglichkeit mehr in meiner bisherigen Abteilung zu finden. Ich wurde zur Stanzarbeit, einer sehr, sehr schweren Arbeit, gezwungen. Mein Platz als Qualitätskontrolleur wurde anderweitig vergeben. Es ging so, wie es im Volksmund heißt: »Der Mohr hat seine Schuldigkeit getan, der Mohr kann gehn!«

Durch diese Arbeit, die eigentlich gar keine Frauenarbeit ist, wurde mein Körper vollständig ruiniert. Ich bekam in allen Gelenken Knochenhautentzündung.

Wieder begegnete ich dem Christen aus unserem Betrieb, der mich fragte: »Wir haben dich doch eingeladen, warum bist du nicht zum Gottesdienst gekommen? Wir haben auf dich gewartet.«

Stets hatte ich eine Ausrede. Ich wollte dem Evangelium ausweichen, ich wollte noch nicht vor Gott kapitulieren. Mein gesundheitlicher Zustand wurde aber immer schlechter. Ich bekam Spritzen gegen die Knochenhautentzündungen und war für ein Vierteljahr krankgeschrieben. Als ich wieder einmal beim Arzt im Vorzimmer saß, traf ich dort den Christen aus meinem Betrieb. Das konnte nun kein Zufall mehr sein. Es wurde mir klar: dies ist eine Fügung. Jetzt sprach ich ihn an und versicherte ihm: »Heute abend komme ich zum Gottesdienst. Ja, ich meine es ehrlich, ich komme zu euch.« –

So ging ich 1987 zum erstenmal in das »Schalom-Haus«. Ich wußte nicht, daß »Schalom« übersetzt »Friede« heißt und daß Jesus Christus mit diesem Wort immer seine Jünger begrüßte. Es war also ein Haus des Friedens. Ich fühlte mich in dieser neuen

Umgebung gleich wie zu Hause. Alle Menschen waren freundlich zu mir, obwohl ich ihnen ja noch sehr fremd war.

Ein Prediger aus Westdeutschland berichtete an einem Sonntag von seinem Besuch in England. Seine Ausführungen schienen wie auf mich zugeschnitten. Ich hatte den Eindruck, daß die ganze Predigt nur mir galt. So kam es dazu, daß ich von September 1987 an regelmäßig in den Gottesdienst ging, um die Botschaft Jesu Christi zu hören, die mich schon sehr ergriffen hatte.

In dieser Zeit war ich arbeitslos, obwohl es ja in der DDR angeblich keine Arbeitslosigkeit gab. So suchte ich mir bei einem Postzeitungsvertrieb in Schönebeck eine Arbeit. Zunächst glaubte ich kaum, daß man dort eine siebenundvierzigjährige Frau einstellen würde. Als ich mich dort vorstellte, sagte der Abteilungsleiter zu mir: »Sie kommen uns wie gerufen. Woher wissen Sie denn, daß wir dringend eine Arbeitskraft suchen? – Nun, Frauen in ihrem Alter nehmen wir gern, weil wir uns auf sie verlassen können.« Ich war darüber sehr erstaunt und sah auch darin eine Fügung für mein Leben.

Es war ein seltsamer Zustand, jeden Sonntag zum Gottesdienst zu gehen und trotzdem noch Parteimitglied zu sein. Ich wußte nicht, wie ich es anstellen sollte, aus der SED auszutreten, denn solche Leute bekamen ja, wie schon geschildert, immer große Schwierigkeiten. Es galt aber auch noch, eine endgültige Entscheidung für Jesus Christus zu treffen.

Als ich aus meinem alten Betrieb ausschied, bekam ich aus der »Kasse für gegenseitige Hilfe« einen Restbestand von über 700 Mark zurück. Auch wurde mir das Krankengeld von der Gewerkschaft ausgezahlt.

So hatte ich an einem Tage über 1000 Mark im Portemonnaie. Mit dieser großen Summe ging ich einkaufen, da vermißte ich plötzlich meinen Geldbeutel. Ich hatte ihn verloren mit über 900 Mark. Ich war ganz verzweifelt darüber, deshalb betete ich wohl zum erstenmal: »Lieber Gott, wenn es dich wirklich gibt, dann laß dieses Geld von einem ehrlichen Menschen gefunden werden.« Auf einmal war ich ganz sicher, daß ich meinen Geldbeutel wiederbekomme. Ich wußte gar nicht, woher diese Ruhe kam. Ich machte mich wieder auf den Weg, schloß meine Wohnungstür ab und ging zum Bäcker, bei dem ich vorher eingekauft hatte.

»Hat jemand hier ein Portemonnaie abgegeben?«

»Nein«, sagte die Verkäuferin, »aber ein Gärtner war eben hier, der hat ein Portemonnaie gefunden.« Dies war mir ein deutliches Zeichen Gottes, denn ich hatte ja darum gebeten. Der Gärtner wollte nicht einmal einen Finderlohn annehmen. So kaufte ich ihm ein Pfund Bohnenkaffee und stellte es ihm ins Fenster.

Im Mai 1988 sollte in der Evangelisch-Freikirchlichen Gemeinde eine Taufe stattfinden. Nein, dachte ich, du kannst dich doch nicht taufen lassen, wenn du noch Parteimitglied bist. Der Christ aus meinem ehemaligen Betrieb, dem ich meine Bedenken erklärte, sagte mir: Du mußt für klare Verhältnisse sorgen!«

Nun, das war leichter gesagt als getan. Das Schalom-Haus wurde von Stasi-Spitzeln überwacht, das wußte ich aus der Parteizentrale. Da ich als APO-Sekretärin der SED-Kreisleitung bekannt war, wurde ich natürlich beobachtet. Ich dachte mir: Du mußt ein sichtbares Zeichen setzen, auch wenn die Stasi-Spitzel dich sehen.

Ich wandte mich an Glaubensgeschwister, die mit mir beteten und mir auch halfen, das Austrittsgesuch an die Parteileitung aufzusetzen. Ein junger Christ, der selbst nach seiner Bekehrung und Taufe aus seiner Familie ausgeschlossen worden war, bestärkte mich bei dem Gedanken: Du mußt für klare Verhältnisse sorgen! Er kniete mit mir nieder und betete:

»Lieber Gott, du läßt nicht zu, daß eines deiner Kinder vernichtet wird. Unsere Schwester wird in keine Gefahr kommen. Wir danken dir, daß du der Sieger bist. Amen.«

Ich gewann die große Zuversicht, daß mich keiner vernichten konnte. Es meldeten sich andere Beter, die auch für mich vor Gott einstanden.

Dadurch bekam ich so viel Kraft und Mut, an die SED-Kreisleitung zu schreiben: »Ich bitte um den Austritt aus der Partei. Ich habe mich innerlich von den Zielen der Partei so weit entfernt, daß ich dies mit meiner Mitgliedschaft in der Partei nicht mehr vereinbaren kann. Ich bin als Kind christlicher Eltern erzogen worden. Jetzt habe ich zu Gott zurückgefunden. Durch Jesus Christus habe ich den inneren Frieden gefunden, deshalb will ich nicht mehr zwei Herren dienen. Wenn ich diesen Austritt nicht erkläre, betrüge ich die SED. Gott kann ich nicht betrügen, denn er schaut auch in das Verborgene.«

Das war mein Schreiben an die Partei. Am nächsten Tag schickte ich es per Einschreiben an die SED-Kreisleitung. Das war nicht der übliche Weg. Ich hätte diesen Brief eigentlich an das Parteisekretariat unserer alten Firma, an das Dieselmotorenwerk, senden müssen, doch dann hätte ich mit stärkeren Repressalien und anderen Maßnahmen rechnen müssen.

Vierzehn Tage später überbrachte mir der Vorgesetzte des Post- und Zeitungsvertriebes die Mitteilung, daß sie einen Anruf von der SED-Kreisleitung bekommen hätten, ich solle das »Dokument« übergeben. Damit war das Parteibuch gemeint, darüber konnte kein Zweifel bestehen. Ein solches Buch konnte man nur unter Zeugen abgeben, denn hätte ich dieses Dokument verloren, wäre mir eine Strafe sicher gewesen. Sogleich gab ich das knallrote Parteibuch mit dem Emblem der SED während einer Parteiversammlung ab, also unter Aufsicht vieler Augen. Ich habe keine Schwierigkeiten bekommen. Gott hatte ein herrliches Wunder getan.

Den Kommunismus hatte ich nun hinter mir gelassen. Ich war davon überzeugt, daß es kein Paradies auf Erden geben konnte, auch nicht durch die Ideologie von Marx und Engels, es war alles nur Augenwischerei. Die Sünde im Menschen verhinderte ein Paradies auf Erden. Ich fand den, der der wahre Friedefürst für alle Ewigkeit bleibt, unsern Herrn Jesus Christus. Kurze Zeit danach bekehrte ich mich von ganzem Herzen. Jetzt wurde alles neu in mir. Ich bekam eine Freude, von der ich vorher nichts ahnte. Da ich aber zuvor in den Kreisen der gottfeindlichen Gesellschaft gelebt hatte, wußte ich, wie anhaltend die Besucher der Gottesdienste in der christlichen Gemeinde von Stasi-Spitzeln überwacht wurden. Manchmal wollte sich in mir Angst ausbreiten. Dann hörte ich das Bibelwort: »Solches habe ich mit euch geredet, daß ihr in mir Frieden habt. In der Welt habt ihr Angst; aber seid getrost, ich habe die Welt überwunden« (Joh. 16,33).

In der Gemeinde vernahm ich die bewegende Geschichte über die Restauration des Gotteshauses in der Zeit von 1983–1986. Die Stasi-Spitzel hatten es seinerzeit genau beobachtet.

Wieviel ruhiger war dagegen der Bau der ersten Synagoge hier in Schönebeck. Sie war erbaut worden in einer Zeit, die von den Kommunisten als Zeit der »Bourgeoisie« oder »Feudalherrschaft« bezeichnet wurde. In der Chronik der Synagoge las ich folgendes:

»Am 22. August 1876, vormittags um halb zehn, fand die

Grundsteinlegung zum Bau einer Synagoge statt. Am 15. Dezember 1876 bestätigte der Magistrat von Schönebeck-Elbe den Ankauf des Geländes zur Errichtung einer Synagoge und eines Wohngebäudes. Der Magistrat stellte einen Antrag an die ›Groß-Königliche Regierung‹ zu Magdeburg auf Erteilung der Genehmigung zu dem von der israelischen Gemeinde zu Schönebeck gekauften Baugrundstücks.

Die Mittel zu Errichtung des neuen Gotteshauses der Synagogengemeinde Schönebeck sind zum großen Teil aus freiwilligen, persönlichen Spenden der Gemeindemitglieder sowie der auswärtigen Gemeinden beschafft worden. Dazu kamen kleinere Beträge von seiten der Königlichen Regierung zu Magdeburg und der Stadt Schönebeck. Die neue Synagoge wurde mit maurisch-sarazenischen Stilelementen versehen und nach nur einjähriger Bauzeit ›Zur Ehre Gottes‹ eingeweiht.«

Jetzt ging mir als ehemaligem Parteimitglied ein großes Licht auf, nämlich die wunderbare Führung Gottes mit seinem Volk Israel. Bisher hatte ich nur von den imperialistisch-faschistischen Methoden und den zionistischen Machenschaften in Palästina durch den sogenannten erweiterten Arm der Expansionspolitik der USA im Nahen Osten gehört. Hier aber, in der Gemeinde Jesu, erkannte ich das große Geheimnis Gottes in der Völkerwelt durch das Volk Israel. Nur ein wiedergeborener Jünger Jesu kann die geistlichen Zusammenhänge des Volkes Israel in der Gemeinde Jesu Christi sehen und geistlich deuten. Ich war sehr erfreut, von der Eröffnung zu lesen:

»Vor dem Eingang der neuen Synagoge kam es zur Schlüsselübergabe, zu Ansprachen des Baumeisters, des Bürgermeisters und des Vorstandes der Synagogengemeinde. Beim Einzug in das neue Gotteshaus wurde der Choral gesungen:

Lobe den Herren, den mächtigen König der Ehren,
meine geliebete Seele, das ist mein Begehren.
Kommet zuhauf, Psalter und Harfe wacht auf,
lasset den Lobgesang hören!

Hatten wir solchen Choral nicht auch schon in der Baptistengemeinde gesungen? Standen uns die Juden im Glauben an Jesus Christus so nahe? Ja, in der dritten Strophe war auch der Name Abrahams genannt.

Lobe den Herren; was in mir ist, lobe den Namen.
Alles, was Odem hat, lobe mit Abrahams Samen.
Er ist dein Licht! Seele vergiß es ja nicht,
Lobende schließe mit Amen!

Nein, ich wollte diesen herrlichen Namen des ewigen Gottes nie mehr vergessen, der mir die Gewißheit der Gotteskindschaft geschenkt hatte. Ich erkannte, daß in keinem anderen Namen Heil oder Rettung ist, als allein in dem Namen des Ewigen.

Weiter las ich in der Chronik, wie der Kantor mit allen Sängern zur Rechten des Altars Aufstellung genommen und danach die Träger der Thorarollen sich am Altar aufgestellt hatten. Später erfuhr ich, daß die Thorarollen die Heiligen Schriften von Mose seien.

»Nachdem die Festtagsteilnehmer die Plätze eingenommen hatten, wurde dem Gott Abrahams, Isaaks und Jakobs Preis und Anbetung dargebracht. Der Kantor und der Synagogen-Gesangverein sangen dann:

Wie schön, o Israel, sind deines Tempels Hallen,
der Ort, den Gottes Nähe weiht . . .

Dann wurde die Bundeslade geöffnet.«

Vor Verwunderung schüttelte ich den Kopf: Noch vor einem Jahr hätte ich als eine überzeugte Kommunistin darüber sehr gelacht. Jetzt aber, da der Heilige Geist mein Herz erleuchtet hatte, konnte ich innerlich mit Freuden »Ja und Amen« sagen. Weiter las ich:

»Die Verkündigung des Glaubensbekenntnisses begann durch den Vorsteher: ›Der Ewige, Unabänderliche ist allmächtig, gnädig, langmütig, liebevoll und wahrhaftig. Er bewahrt die Liebe bis in das tausendste Geschlecht. Er vergibt Fehl, Schuld und Sünde und spricht rein.‹« –

Ich war überwältigt von der Allmacht des Schöpfers und der Unvergänglichkeit seines Wortes. Ja, Philosophien, Ideologien und Systeme wurden verkündigt und vergessen. Tyrannen wie Napoleon, Hitler, Lenin, Stalin, Mao und andere traten mit barbarischer Gewalt auf und verschwanden sehr schnell wieder in der Versenkung – aber Gottes Volk und seine Gemeinde blieb bestehen. Ob der sogenannte »Sozialismus« eines Tages auch vergehen würde? – Ich konnte damals nicht ahnen, daß dieser sozialistische Spuk nur noch ein Jahr andauern sollte, daß alle Mauer- und Sperrsysteme fallen und die korrupten Machthaber samt ihren Helfershelfern entmachtet würden.

Weshalb fürchtete ein Arbeiter- und Bauernstaat die wehrlosen Christen überhaupt so, daß er ihnen Stasi-Spitzel auf den Hals schickte? Ich konnte es nicht verstehen, daß ein Gewaltregime, das seine Macht auf Panzer, Kanonen, Düsenkampfflugzeuge und Hunderttausende Soldaten, Polizisten und Angehörige der Betriebskampfgruppen stellte, die kleine Herde der Christen so fürchtete. Verblüffend waren die Parallelen zu den Zuständen in der Nazizeit.

Aus der Chronik der Synagoge ging hervor, wie entsetzlich die Zeit gewesen sein muß, als die Nazibanden damals die jüdische Gemeinde verfolgten, verunglimpften, entehrten und bekämpften.

»In der Nacht vom 9. zum 10. November 1938 kam es in Schönebeck, wie überall in den Städten des Großdeutschen Reiches, zum lange vorbereiteten und zur nächtlichen Stunde organisierten »Ausbruch des Volkszorns« gegen die Juden in der Stadt.

Die faschistische Pogromnacht gegen das Judentum begann. Jahrelang war von den durch die Straßen ziehenden, braunen Kolonnen das Lied gebrüllt worden: Ja, wenn das Judenblut vom Messer spritzt, hei, dann geht's noch mal so gut. In dieser Nacht wurde das gräßliche Lied zur blutigen Wirklichkeit, ein Vorspiel zur Endlösung der Judenfrage.

Die Reichskristallnacht wurde in Schönebeck von den ›Schlägern‹ des berüchtigten SA-Sturm Karpe inszeniert, die seit Jahren die politisch Andersdenkenden der Stadt terrorisiert hatten.

Die Kampfansage an das Judentum begann in den Abendstunden des 9. November um 20.30 Uhr mit einer Nazi-Großkundgebung, zu der sich im Stadtparksaal große Menschenmengen versammelt hatten. Die Stimmung wurde aufgeheizt durch aufpeitschende Reden, bis die gewollte antisemitische Ekstase erreicht war.

Schnell wurden auf dem abgeriegelten Stadtparksportplatz Rollkommandos zusammengestellt, die mit Zivilsachen, Gummiknüppeln, Stahlruten, Brechstangen, Beilen und Äxten ausgerüstet wurden.

An die Gruppenführer gab man Listen mit Adressen von jüdischen Bewohnern aus. Die Einsatzorte wurden abgestimmt. Den abfahrenden drei LKWs folgten die frohgestimmten, humorigen Zurufe: ›Sieg Heil und fette Beute!‹

Dann ging es an die Verkleidung der in Reihe und Glied angetretenen, uniformierten SA- und SS-Leute, der Hitlerjugend, der BDM-Mädchen und der Frauen von der NS-Frauenschaft. Bald war die Kostümierung abgeschlossen. Auf dem Sportplatz standen nun abmarschbereit die Nazis in Zivilkleidung als das »Schönebecker Volk«. Erster Einsatzort in dieser Nacht der langen Messer und der langen Finger war die im maurischen Stil erbaute Synagoge in der Republikstraße 43. Zwei quergestellte LKWs sperrten die Straße ab. Die Tür zur Synagoge wurde mit Äxten eingeschlagen, SA- und SS-Schläger stürzten sich auf die aus edlen Hölzern hoch an die Wand aufgebaute Bundeslade. Der wertvolle Vorhang wurde heruntergefetzt. Holz und Glas splitterten. Die Thorarolle wurde herausgeholt und in den mit einem Läufer bedeckten Mittelgang geschleudert. Der siebenarmige Tempelleuchter wurde zum Zerstörungsinstrument für Tempelgeräte. Orgel, Bänke und Gebetspulte wurden umgestürzt. Von der Empore flogen Schränke, Stühle, Tische, in Mengen schwarze Gebet- und Gesangbücher. Während vier bis fünf SA-Leute nach oben verschwanden und beabsichtigten, in der Kuppel der Synagoge Feuer zu legen, wüteten die anderen wie die Berserker. Unter den Kameraden gingen silberne Pokale mit Schnaps gefüllt reihum. Einige hatten sich weiße Gebetsmäntel und Rabbinergewänder umgehängt. Sie latschten über die auf der Erde liegenden Thorarollen, grölten wie die Wilden und reichten silberne Spendenbüchsen mit den gemimten Klagerufen herum, doch für die bald frierenden und hungernden Juden etwas zu spenden.

Dann kam der vom Sturm- und Anführer Walter Karpe vorbereitete Höhepunkt. Ein Trupp SA-Leute schleppte einen Tierkadaver in den Raum. Ein totes, deutsches, schwarzes Edelschwein, mittelgroß, mit kurzem breiten Kopf, schwarzem Haar auf hellrosa Haut, wurde in die Synagoge geschleppt. Vier SA-Rowdys, mit Channukah-Leuchtern in der Hand, umstanden den feierlichen Akt. Ein Seil wurde um den Bauch des toten Schweines gebunden und an die Vorderpfoten festgeknotet. Die Seilenden wurden über den in der Mitte hängenden Kronleuchter geworfen. Das Tier wurde ein Stück hochgezogen. Eigenhändig behängte Karpe den

Schweinekörper mit einem schwarzen Rabbinergewand, ein anderer setzte eine seidene, schwarze Rabbinermütze auf den Schweinekopf und schlug einen fünfzölligen Nagel hindurch, damit sie nicht herunterfiel. Dann wurde das schwarze Schwein hochgezogen.

Die SA-Meute begann einen schnell erdachten Text zu singen, und zwar nach der Melodie ›Am Brunnen vor dem Tore‹. Sie fanden es schon immer schön und ›gemütvoll‹, blasphemische Spott- und Hohnlieder zu grölen. Krächzender Singsang als Rundgesang, als Kanon, als Choral war in der Synagoge pausenlos zu hören. ›Am Leuchter in der Synagoge, da hängt ein schwarzes Schwein, das wird doch nicht, das wird doch nicht der Rabbi sein.‹

Die Männer vom SA-Sturm Karpe ergötzten sich so sehr an ihrem krächzendem Singsang vor lauter deutscher Männerfröhlichkeit, daß es kein Ende nehmen wollte.

Auf dem Fußboden stolperte man über ein heilloses Durcheinander. Alle Kostbarkeiten aber, die wunderschönen silbernen Pokale, Leuchter und Tempelgeräte, die verstreut umherlagen, wurden eingesackt und mitgenommen, eine Beute von unschätzbarem Wert.

Bevor die SA-Horde den Innenraum verließ, schossen Karpe und einige SA-Leute die Magazine ihrer Pistolen leer. Sie zielten hinein in das schwarze, mit dem Rabbinergewand behängte deutsche Edelschwein, bis sich unter der Schußserie der Tierkadaver langsam um sich selbst zu drehen begann. Es sah aus, als hinge dort ein Rabbiner am Kronleuchter.«

Soweit der Bericht aus der Chronik. Ich war entsetzt über den Ungeist der dreißiger Jahre. Nicht nur hier in Schönebeck, sondern in ganz Deutschland wurden solche Greueltaten verübt. Ob hier wohl Zusammenhänge zu der furchtbaren Nationalkatastrophe Deutschlands, dem Mauerbau, dem Stacheldraht, den Todesschüssen und der Selbstschußanlagen an der berüchtigten sogenannten »Staatsgrenze der DDR« bestanden? Alles deutete auf ein Gottesgericht, auf ein »Menetekel« des Allmächtigen hin, weil das deutsche Volk sich so unsagbar am Volk der Juden vergangen hatte. Weshalb hatte man nicht aus der Geschichte gelernt? Weshalb gab es schon wieder Verfolgung, Bespitzelung und Drangsalierungen durch die verbrecherischen Machenschaften des Ministeriums für Staatssicherheit?

Jetzt konnte ich meine geistliche Blindheit in meiner bisherigen Weltanschauung als ehemalige aktive Kommunistin nicht mehr verstehen. Durch den Geist Gottes waren mir nun die Augen für die geistlichen Zusammenhänge geöffnet. Ich erkannte die Richtigkeit des Bibelwortes:

»Wovon wir aber reden, das ist dennoch Weisheit bei den Vollkommenen, nicht eine Weisheit dieser Welt, auch nicht der Herrscher dieser Welt, die vergehen. Sondern wir reden von der Weisheit Gottes, die im Geheimnis verborgen ist, die Gott vorherbestimmt hat vor aller Zeit zu unserer Herrlichkeit, die keiner von den Herrschern dieser Welt erkannt hat; denn wenn sie die erkannt hätten, so hätten sie den Herrn der Herrlichkeit nicht gekreuzigt. Sondern es ist gekommen, wie geschrieben steht: ›Was kein Auge gesehen hat und kein Ohr gehört hat und in keines Menschen Herz gekommen ist. Uns aber hat es Gott offenbart durch seinen Geist; denn der Geist erforscht alle Dinge, auch die Tiefen der Gottheit. Denn welcher Mensch weiß, was im Menschen ist, als allein der Geist des Menschen, der in ihm ist? So weiß auch niemand, was in Gott ist, als allein der Geist Gottes. Wir aber haben nicht empfangen den Geist der Welt, sondern den Geist aus Gott, daß wir wissen können, was uns von Gott geschenkt ist. Und davon reden wir auch, nicht mit Worten, wie sie menschliche Weisheit lehren, sondern mit Worten, die der Geist lehrt, und deuten geistliche Dinge für geistliche Menschen. Der natürliche Mensch aber vernimmt nichts vom Geiste Gottes; es ist ihm eine Torheit, und er kann es nicht erkennen; denn es muß geistlich beurteilt werden. Der geistliche Mensch aber beurteilt alles und wird doch selber von niemandem beurteilt« (1. Kor. 2, 6-15).

In dieser Weise war mir auch ein Licht aufgegangen, nämlich die geistlichen Zusammenhänge auch im allgemein politischen Leben zu erkennen. Es war wohl auch eine Führung und Fügung Gottes, daß diese von den Nazis ausgeplünderte und geschändete Synagoge jetzt einer Christengemeinde übergeben war. Die jüdische Gemeinde hatte die Synagoge in den siebziger Jahren zum Kauf angeboten. Der Vorstand der Evangelisch-Freikirchlichen Gemeinde plante die Synagoge zunächst nur zu pachten, doch die jüdische Gemeinde aus Magdeburg wollte dieses Haus lieber verkaufen, weil es in Schönebeck nach dem Krieg keine Juden mehr gab. Die jüdische Gemeinde war sehr daran interessiert, daß diese Synagoge wieder zum Gotteshaus würde. Außerdem sollte an dieser ehemaligen Synagoge eine Gedenktafel angebracht werden. Das ist schon ein wunderbares Zeichen der Führung Gottes. In einem Kaufvertrag der Stadtbehörde Schönebeck wurde festgelegt, daß eine Gedenktafel an das ehemalige jüdische Gotteshaus angebracht würde, auf der zum Ausdruck kommen sollte, was die jüdische Gemeinde in der NS-Zeit durchleiden mußte.

Die kommunistische Behörde hatte dies akzeptiert und ist darauf eingegangen, weil die Vergangenheit in die Rubrik des antifaschistischen Widerstandes fiel. Während der dreijährigen Bauzeit wurde immer wieder der von der kommunistischen Stadtverwaltung versprochene Text angemahnt. Immer neu erhielt man die Antwort: »Ja, wir werden einen Text für diese Tafel anfertigen.«

Im Jahr 1986 wurde das Haus eingeweiht. Bei dieser Gelegenheit erinnerte man den Vertreter der Stadt daran, daß diese Tafel nun bald anzubringen sei. Von der Abteilung Kultur wurde erneut die Zusage gemacht, daß diese Tafel entworfen und angebracht würde. Das war aber nur ein leeres Versprechen. Es war eine große Unsicherheit da, was man auf diese Tafel für einen Text schreiben sollte, da diese atheistischen Menschen ja überhaupt keine Beziehung zu einer Religionsgemeinschaft hatten. Ihr endgültiges Ziel bestand doch darin, die Kirche und alle Religionsgemeinschaften auszuschalten. Da sich lange Zeit nichts rührte, und man schon einen Prospekt erstellen wollte, um darin die Aufschrift für diese Tafel zu veröffentlichen, entschloß sich die Gemeinde, den Text für diese Tafel nun selbst zu verfassen. Dieser lautete dann:

»Gedenke, vergiß nie!
Am 9. November 1938
zerstörten die Faschisten
das Innere dieser Synagoge.
Nach der Restauration 1983–1986
wird hier wieder Gott geehrt.«

Dieser Text war natürlich nicht im Sinne des total atheistisch geprägten Staates, der unter der Parole: »Religion ist das Opium für das Volk« seine gottlosen Thesen offenbarte und wurde deshalb auch nicht akzeptiert.

Die Gemeindeleitung wurde gebeten, einen Termin festzulegen, an dem über den Text entschieden werden sollte. Die Vertreter der SED-Kreisleitung und der kommunistischen Stadtverwaltung, Abteilung Kultur, kamen in das Schalom-Haus der Freikirchlichen Gemeinde. Sie erklärten den Christen, daß sie mit diesem Text nicht einverstanden sein könnten. Weshalb aber dieser Text nicht akzeptiert wurde, konnte man von ihnen nicht erfahren, denn zu dieser Zeit waren schon Parteibonzen und ihre Gesinnungsgenossen sehr scheu und durch die antikommunistische Tendenz in der Bevölkerung irritiert.

Später erfuhr die Gemeinde, daß bei der SED-Kreisleitung ein Beschluß vorlag, niemals zuzulassen, diesen Passus auf der Gedenktafel an der Hauswand anzubringen: ». . . hier wird wieder Gott geehrt.«

Schließlich erklärte der Gemeindevorstand den Kommunisten: »Wir haben aber diesen Text schon in unserem Prospekt veröffentlicht, und damit ist er bereits weit über die Grenzen unserer Stadt Schönebeck bis ins Ausland bekannt geworden. Wenn Sie darauf bestehen, daß der Text geändert wird, müssen wir Sie bitten, hier in der Stadt und in der weiteren Umgebung zu erklären, weshalb dieser Text nicht auf der Tafel erscheinen darf.«

Die Vertreter der kommunistischen Verwaltung konnten darauf nicht sofort antworten. Man müsse weiter darüber nachdenken, und zu gegebener Zeit würde die Gemeinde eine Nachricht bekommen, sagte man dem Ältestenrat.

Die Gemeinde betete, daß Gott hierzu eine gute Klärung schaffen möge. Nach einer Woche erhielten die Baptisten ein Schreiben der Stadtverwaltung, daß der erste Entwurf für die Gemeinde genehmigt sei. Die Kraft des Gebetes war immer die stärkere. Später hatte der kommunistische Bürgermeister sogar die ehrenvolle Aufgabe, die Tafel mit unserem Text: ». . . hier wird wieder Gott geehrt«, zu enthüllen. Die Vertreter der SED-Kreisleitung, wie auch der kommunistischen Stadtverwaltung waren Zeugen dieses festlichen Aktes.

Unser Gemeindeleiter hatte dieses Wunder Gottes in einer Gemeindezeitschrift niedergelegt. Am Ende meines Zeugnisses möchte ich auszugsweise aus diesem Artikel zitieren:

»Im folgenden sollen einige Zusammenhänge und Begebenheiten aus der wechselvollen Geschichte dieses Hauses berichtet werden, weil daraus Gottes Handeln buchstäblich und auch gleichnishaft deutlich wird. Unwillkürlich muß man an den Bau des ersten Tempels in Jerusalem denken, der zerstört wurde und in neuer Herrlichkeit erstand: auch an den Weg des Volkes Israel, das aus Gottes Nähe zerstreut und teilweise vernichtet wurde, dann aber als kleiner Rest wieder gesammelt und nach Gottes Verheißung zu neuer Herrlichkeit bereitet werden soll.

Im Zusammenhang mit dem Kriegsende muß noch ein bedeutsames Ereignis erwähnt werden, durch welches die Stadt und darin auch ihre Synagoge vor der Zerstörung bewahrt wurde.

Als die amerikanischen Truppen vor Schönebeck standen, erging ein Ultimatum an die Stadt, sich kampflos zu ergeben. Die Nazimilitärs lehnten das ab und wollten die Stadt verteidigen. Das Ultimatum wurde zweimal um je einen Tag verlängert. Dann gingen hinter dem Rücken der Militärs Bürgermeister Dr. Bauer und der katholische Kaplan Jäger zur Leitung der US-Brigade und erklärten die Kapitulation der Stadt.

Der Kommandeur der US-Brigade war ein Jude. Er hatte das Ultimatum verlängert, weil er die Stadt, worin seine Väter gewohnt hatten und zur Synagoge gegangen waren, nicht zerstören wollte. Es war sein heißer Wunsch, einmal in der ehemaligen Synagoge zu beten, und auf dem kleinen jüdischen Friedhof die Gräber seiner Vorfahren zu besuchen. Beides ist später möglich geworden.

Wir sind bewegt, wie Gott Geschichte macht, und gleichzeitig beschämt, daß einer, der allen Grund zur Rache gehabt hätte, die Stadt und ihre Bürger verschonte. Ende der siebziger Jahre kamen Pläne zur Altstadtsanierung ins Gespräch. Das betraf auch das Viertel, in welcher unsere Gemeinde seit ihrer Konstituierung 1932 einen gemieteten Saal nutzte, der übrigens nur wenige Häuser entfernt von der 1876 erstellten ersten Synagoge lag. Die Gemeinde erinnerte sich rasch an das zuletzt als Turnhalle genutzte Gebäude der ehemaligen Synagoge. Dort sollte wieder Gott geehrt werden. Die verantwortlichen Brüder wußten zur Zeit ihrer Verhandlung und Entscheidungen noch nichts vom Streben und Gebet ihres ersten Ältesten Reinhold Sieler. Das wurde erst nachträglich bekannt. So hat Gott das Gebet unseres Bruders erhört, heute ist es Wirklichkeit, an was er geglaubt hat.

Nach gut laufenden Verhandlungen mit der Magdeburger Synagogengemeinde erwarb die Evangelisch-Freikirchliche Gemeinde das Grundstück und rekonstruierte mit über 25000 Stunden Eigenleistung von 1983 bis 1986 das ganze Haus. Das Innere wurde neu gestaltet, während die Außenfront nach Gesichtspunkten der Denkmalspflege in ursprünglichem Stil erneuert wurde. Der helle, mit viel Glas gestaltete Innenraum ist zur Anbetungsstätte nach christlichem Konzept geworden, in das wir aber bewußt viele Elemente des Judentums integriert haben, denn das Christentum ist ohne Bezug zum Judentum unverständlich, das Judentum ohne Verbindung zum Christentum unvollständig.

So grüßt den Besucher im Eingangsbereich der schmiedeeiserne Davidstern mit der hebräischen und deutschen Inschrift: »Jeschua« – »Jesus«. Von der Dachkuppel glänzt das Metallkreuz mit vier kleinen Davidsternen in den inneren Ecken. Die Wendeltreppe im Haus erinnert an die Beschreibung des salomonischen Tempels. Die unversehrt gebliebenen Fenster erinnern mit ihren zwölf Feldern an die zwölf Stämme Israels, die kleinen Fensterpaare im Rundbogen als »Fenster des Gesetzes« an die beiden Gesetzestafeln, die Mose vom Berge Sinai mitbrachte. Durch dieses Fenster fällt das Licht in das Innere des Hauses. Welch herrliches Symbol.

Wir haben unser Haus »Schalom-Haus« benannt, weil es ein Bethaus für »alle« im Schalom Gottes, in seinem umfassenden Frieden, sein soll. Das Kapitell einer Säule enthält das Symbol des Schalom-Hauses als Bild sowohl für den Tempel als auch die neutestamentliche Gemeinde, die Taube als Bild für den Heiligen Geist und drei stilisierte Wellen als Bild für die christliche Taufe, die im Namen des dreieinigen Gottes gespendet wird. Der Heilige Geist verbindet im Symbol die Elemente des Alten und Neuen Testamentes. Das Schalom-Haus ist uns ein Sinnbild darauf, wie Gott in der Geschichte waltet, um nach Zeiten des Zerbruchs und Niedergangs etwas »Neues« zu schaffen mit noch größerer Herrlichkeit. Die zum 50. Jahrestag der Pogromnacht enthüllte Tafel am Haus mahnt uns:

»Gedenke – vergiß nie!
Am 9. November 1938
zerstörten die Faschisten
das Innere dieser Synagoge.
Nach der Restauration 1983–1986
wird hier wieder Gott geehrt.«

Soweit der Bericht aus dem Gemeindeblatt und auch das Zeugnis einer ehemaligen Parteisekretärin, die durch Gottes Gnade eine überzeugte Christin wurde.

Das schöne Schalom-Haus, die ehemalige Synagoge aus Schönebeck an der Elbe, ist gewiß eines Besuches wert.

Gerda Kauer

Gott liebt auch Stasi-Offiziere

Während einer Evangelisationarbeit in Anklam bekamen wir Kontakt mit lebendigen Zeugen Jesu. Vor allem beeindruckte uns die freundliche Liebe, die diese Menschen ausstrahlten. Sie hatten erkannt, daß wir, meine Frau und ich, eine große Sehnsucht nach dem Frieden Gottes hatten. Von dieser Zeit an besuchten wir regelmäßig die Gottesdienste in dieser evangelischen Freikirche. Da wir aber in Leopoldshagen, einem kleinen Dorf südöstlich von Anklam wohnten, entschlossen wir uns, auch in diesem Ort eine Stubenversammlung, heute Hauskreis genannt, ins Leben zu rufen, um hier das Evangelium zu verkündigen. Nach dem furchtbaren Krieg erlebte Deutschland eine wunderschöne Erweckungszeit.

Durch diese christliche Öffentlichkeitsarbeit wurde das Evangelium im Ort bekannt. Eines Tages kam ich auf die Idee, einmal den Saal der HO (Handelsorganisation in der DDR – oft einzige Einkaufsmöglichkeit am Ort) zu mieten, um mit Christen an einem Abend Volkslieder vorzutragen. Zwischendurch wollten wir auch Evangeliumslieder singen, um zu den Gottesdiensten im Hauskreis einzuladen.

Der Saal der HO war uns Wochen vorher von der Behörde zugebilligt worden. So luden wir im Rahmen des Möglichen fleißig zu diesem Liederabend ein und freuten uns auf die Gelegenheit, unser Zeugnis von Jesus weiterzuverbreiten.

Doch drei Stunden vor Beginn dieser Veranstaltung erschien ein Mann vom Ministerium für Staatssicherheit bei meiner Frau.

Scheinbar mußte damals der Staat mehr gesichert werden als das Volk, sonst hätte das Ministerium gewiß »Volkssicherheitsministerium« geheißen. Dieser Mann wies sich als Oberleutnant Kühl aus. Wie er wirklich hieß, weiß ich bis heute nicht. Der Oberleutnant eröffnete meiner Frau, daß der Liederabend im HO-Saal verboten sei.

So war es meine traurige Aufgabe, am Abend vor der Saaltür zu stehen, und den zahlreichen Interessenten, die den Liederabend besuchen wollten, von dieser Anordnung des Ministerium für Staatssicherheit in Kenntnis zu setzen.

Wenige Tage nach dieser »Nacht- und Nebelaktion« stattete der besagte Oberleutnant der Stasi am Nachmittag meiner Frau erneut einen Besuch ab, um sie zu verhören. Er stellte die bekannten Fragen:

»Gehören Sie der katholischen oder der evangelischen Kirche an?«

»Sind Sie Mitglied einer Sekte?«

»Woher bekommen Sie Ihre Aufträge?«

»Haben Sie eigene Gesangbücher und verbreiten Sie christliche Schriften?«

»Welche Einstellung haben Sie zum Papst?«

»Haben Sie Verbindung zu den Zeugen Jehovas ?«

Als ich am Abend von meiner Arbeitsstelle aus Pasewalk nach Hause kam, saß der Oberleutnant immer noch in unserem Wohnzimmer und begann nun, auch mich zu verhören mit den gleichen Fragen, die er meiner Frau schon gestellt hatte. Dabei blickte er stets auf seine Notizen, die er sich während des Verhörs gemacht hatte. Scheinbar waren es nur belanglose Fragen. Selbstverständlich wußte dieser Offizier vom staatlichen Geheimdienst genau, daß wir in keiner politischen oder gesellschaftlichen Organisation mitarbeiteten. Die Staatspartei war damals darauf aus, alle Bevölkerungsgruppen durch irgendeine Organisation zu erfassen.

»Haben Sie schon einmal darüber nachgedacht, ob Sie in den Gewerkschaftsbund eintreten könnten? Dort kann man sich aktiv kulturell betätigen. Es gibt da zum Beispiel Volkskunstgruppen, die schöne Volkslieder singen. Solche Leute wie Sie suchen wir gerade, um das nationale Volksliedgut bekanntzumachen und in unserem Lande zu pflegen.«

Wir lachten den Stasi-Offizier an: »Aber, wo denken Sie hin? Wir wollen doch keine atheistische Organisation unterstützen, auch wenn dort offenbar nur Volkslieder gesungen werden. Selbst mit einem Betrag von 50 Pfennigen werden wir keine antichristliche Organisation unterstützen. Wir wollen ein unbelastetes Gewissen behalten, um Gott treu zu dienen.«

Enttäuscht und ungehalten verabschiedete sich Oberleutnant Kühl und kam einige Wochen lang nicht mehr zu Gesprächen zu uns herüber.

Zu dieser Zeit traten wir in Kontakt mit der Traktatmission des Evangelisten Werner Heukelbach und ließen uns christliches Schriftgut aus der Bundesrepublik Deutschland schicken, um diese Traktate im Ort zu verteilen. Während der beiden Evangelisationen im Rahmen der evangelischen Kirche hatte der Staatssicherheitsdienst einen weiblichen Spitzel in die Versammlung, und später auch in unseren Gebetskreis, eingeschleust. Diese Frau suchte sogar ein seelsorgerliches Gespräch, um zu erfahren, wie Menschen zu einer Bekehrung geführt werden.

Plötzlich erschien Oberleutnant Kühl wieder in unserer Wohnung. Er hatte in Erfahrung gebracht, daß wir in unserem Ort christliche Schriften verteilten. Glücklicherweise waren wir schon von der Mutter dieses weiblichen Spitzels der Stasi darauf aufmerksam gemacht worden. Sie eröffnete uns eines schönen Tages: »Meine Tochter arbeitet für den Staatssicherheitsdienst.« Jetzt waren wir gewarnt. Deshalb bemühte sich der Stasi-Offizier auch umsonst, herauszufinden, in welchem Umfang und woher diese christlichen Schriften kamen.

»Wissen Sie nicht, daß Sie sich durch diese Traktatmission strafbar gemacht haben?« polterte Oberleutnant Kühl los. Wir blieben ganz ruhig vor dem erbosten und sehr verärgerten Offizier sitzen.

»Lassen Sie solche verbotenen Aktivitäten! Sie handeln sich dadurch nur Nachteile ein und laufen Gefahr, bestraft zu werden!« herrschte er uns aufgebracht an.

Ganz gelassen antwortete ich: »Wir haben dem Herrn Jesus Christus unser Leben übergeben. Weil sein Wort uns sagt: »Sei getreu bis an den Tod, so will ich dir die Krone des Lebens geben«, fürchten wir uns weder vor Druckmitteln noch anderen Zwangsmaßnahmen. Wissen Sie, wir setzen uns für eine gute Sache ein und verkündigen doch nur allen Menschen guten Willens den Frieden Gottes.«

Beschämt verließ er unsere Wohnung, denn gegen dieses Argument konnte der Stasi-Offizier wenig einwenden.

Von dieser Zeit an besuchte uns der Oberleutnant in regelmäßigen Abständen. Er gab uns zu verstehen, daß er unser persönlicher »Berater« sei und wir mit keinem anderen Stasi-Mitarbeiter etwas besprechen sollten, sondern nur mit ihm, denn er sei für uns in allen Belangen zuständig.

Die Führung des ersten deutschen Arbeiter- und Bauernstaates drohte, diffamierte, spottete über alles Heilige und bot ein großes Netz des Staatssicherheitsdienstes auf, um das eigene Volk zu gängeln. Das grausame Spiel mit der Angst war an der Tagesordnung.

Durch die Kraft des Heiligen Geistes blieb ich trotz allem immer ein froher Mensch.

Wir hielten unsere Gebetsversammlungen ab und gaben bei jeder sich bietenden Gelegenheit Zeugnis von dem wunderbaren Handeln Gottes.

Vor allem erhielten Christen ihre geistliche Nahrung von den Radioandachten des Senders Radio Luxemburg, die mehrmals am Tage ausgestrahlt wurden. Allen Christen im Westen können wir dafür heute noch von Herzen danken, die diese Rundfunkarbeit unterstützt haben.

Über die Ätherwellen lernten wir einen holländischen Evangelisten kennen.

Ich setzte mich mit diesem Pfarrer in Verbindung und fragte bei ihm an, ob er bereit wäre, in der DDR das Evangelium zu verkündigen. Dieser mutige Zeuge Jesu Christi sagte zu. Sogleich schrieb ich an das Außenministerium der DDR nach Berlin und beantragte für diesen ausländischen Missionar eine Genehmigung zum Predigtdienst, der 14 Tage dauern sollte. Zu unserem großen Erstaunen erhielten wir sehr bald eine Zusage von der Behörde. Ziemlich schnell schickten wir dann die Einreiseformulare für unseren Gastredner aus dem westlichen Nachbarland nach Holland. Alles verlief völlig reibungslos. Wir waren sehr erstaunt darüber und wurden in unserem Vertrauen zu Gott bestärkt: je kühner man etwas im Glauben wagte, desto größer zeigten sich seine Wunder. Das Geheimnis lag in den vielen Gebeten unzähliger holländischer Christen, die um eine offene Tür zur DDR gebeten hatten.

Allerdings mußte ich die schriftliche Genehmigung zu der geplanten Evangelisation selber abholen. So reiste ich wenig später nach Ueckermünde, um in der »Abteilung für Inneres« die Unterlagen zu besorgen. Bei dieser Gelegenheit fragte ich: »Ist der Predigtdienst des holländischen Missionars an irgendwelche Auflagen gebunden?« – »Sie können diesen Missionar predigen lassen, wo Sie wollen und solange er will«, war die Antwort.

Ich kam aus dem Staunen nicht heraus. Wer die damaligen Verhältnisse in der DDR kannte, wußte, daß dies wirklich an ein Wunder grenzte. Es gab keine Auflagen und keinen Widerstand von seiten der politischen Verwaltungen. Natürlich besuchten Spitzel des Staatssicherheitsdienstes alle Versammlungen. Was aber konnte diesen Menschen Besseres passieren? Jetzt hörten diese Kommunisten stundenlang und intensiv das Wort des lebendigen Gottes. Auch öffentliche Gebete waren nicht eingeschränkt, mit Kranken wurde nach dem Gottesdienst offiziell gebetet, und der Herr tat Zeichen und Wunder.

Nach Abschluß dieser beiden Evangelisationswochen wurden wir weiterhin von Stasi-Oberleutnant Kühl besucht.

Der holländische Evangelist hatte unsere kleinen Nöte kennengelernt und uns deshalb eine Schreibmaschine und ein Vervielfältigungsgerät versprochen. Beide Büromaschinen wurden uns ganz offiziell durch eine staatliche Geschenkvertriebsorganisation der DDR unter dem Namen »GENEX« zugesandt. Sie wurden sogar frei Haus geliefert. Nun hatten wir Gelegenheit, selbstverfaßte Traktate, Einladungen zu Gottesdiensten und vor allem Gottes Wort auszugsweise zu drucken.

Eines Tages kam Oberleutnant Kühl sehr aufgeregt in unsere Wohnung gestürmt. Sonst ließ er stets sein Motorrad vor dem Haus stehen. An diesem Tag aber fuhr er direkt auf den Hof. Er war über die Arbeit mit dem Vervielfältigungsgerät sehr aufgebracht und beunruhigt: »Wer hat Ihnen die Erlaubnis dazu gegeben, christliche Schriften selbst anzufertigen? Darf ich das Gerät, mit dem sie die Vervielfältigungen Ihrer Schriften vornehmen, einmal sehen?« Wir führten den Stasi-Offizier in unsere kleine »Druckerei«.

»Wissen Sie nicht, daß so etwas in der DDR strengstens verboten ist?

Woher haben Sie diese Geräte?«

Da wir ihm nun beweisen konnten, daß diese Anlage mit der Genehmigung der Behörde offiziell ausgeliefert worden war, beruhigte er sich zusehends. Er schrieb sich die Gerätenummern auf und versprach, diese Büromaschinen offiziell anzumelden. Er zeigte uns dann nachdrücklich unsere Grenzen auf. Wir ließen uns aber bei der geistlichen Arbeit nicht stören, sondern verbreiteten weiterhin mit allen Kräften die Botschaft des ewigen Friedens.

Eines Tages arbeitete ich auf einer auswärtigen Baustelle in einer Baubrigade von sechs bis sieben Mann. Wir bekamen wie so oft in diesen Tagen kein Material, so daß wir viele Freistunden hatten. Immer wieder entstanden solche sogenannten »Engpässe«.

So lagen wir bis zum Mittag an einer großen Kartoffelmiete und dösten im Sonnenschein vor uns hin. Da erschienen zwei unbekannte Männer in Ledermänteln. Sie stellten sich als Vertreter der staatlichen Bauaufsicht vor und verlangten, den Brigadier (Vorarbeiter) zu sprechen. Dieser ging auf ihr Verlangen mit ihnen hinter eine Hecke. Obwohl diese Männer in ihrer Kleidung so aussahen wie früher die GESTAPO-Leute (Geheime Staatspolizei zur Zeit Hitlers), schöpfte ich zunächst keinen Verdacht.

Bald schlug es zwölf, und wir begaben uns zu einer LPG-Küche (Küche einer landwirtschaftlichen Produktionsgenossenschaft), um dort unser Mittagessen in Empfang zu nehmen. Ich schwang mich auf mein Fahrrad. Als ich nun an den Männern mit den Ledermänteln, die noch mit unserem Brigadier sprachen, vorbeifuhr, kam es mir in den Sinn: »Diese Männer sind vom Staatssicherheitsdienst, die nur deinetwegen hierhergekommen sind.«

Nach dem Mittagessen fragte ich den Brigadier: »Sind das Männer vom Staatssicherheitsdienst gewesen? Die sind wohl meinetwegen gekommen?«

»Ach Unsinn«, leugnete mein Vorgesetzter, »nein, nein, diese Männer sind tatsächlich von der staatlichen Bauaufsicht geschickt worden, um mit mir Fachfragen zu besprechen. Ich blickte den Vorarbeiter mißtrauisch an: »Das glaube ich dir überhaupt nicht. Man sollte doch immer bei der Wahrheit bleiben, sonst geht das Vertrauen flöten.«

Einige Zeit nach dem Besuch dieser beiden Staatssicherheitsleute tauchte Oberleutnant Kühl wieder in unserem Hause auf. Meine Frau fragte ihn frei heraus: »Weshalb fahren denn Staatssicherheitsleute hinter meinem Mann her?«

»Das waren keine Leute vom Staatssicherheitsdienst!« log der Stasi-Offizier und merkte dabei nicht, daß er sich verraten hatte.

»Ach, das waren keine Stasileute? – Woher wissen Sie denn, das andere Männer in Zivil meinen Mann überhaupt beschatten?

Wären es keine Leute von Ihren Dienststellen gewesen, die an der Arbeitsstelle meines Mannes Nachforschungen anstellten, hätten Sie doch sofort gefragt: ›Wo waren Männer vom Staatssicherheitsdienst? Und wann waren sie dort? Sie brauchen mich doch gar nicht anzulügen. Wir wissen durch den Heiligen Geist Gottes sehr gut, daß solche Herren dagewesen sind.« Oberleutnant Kühl wurde sehr unsicher, seine Lügerei ließ ihm keine Ruhe.

Einige Tage später kam er wieder. Jetzt fing er von sich aus an und erklärte mir: »In R. hatte eine Diebesbande mehrere Einbrüche verübt, deshalb wurde der Brigadier verhört.«

»Ach, und was hat denn mein Mann mit diesen Einbrüchen zu tun?« wollte meine Frau wissen.

»Es ging eben nicht um ihren Mann«, log er weiter.

Einige Wochen danach führte ich in dieser Angelegenheit ein Gespräch mit dem Brigadier. Jetzt, da er in die Enge getrieben war, sagte er mir:

»Nun, dann will ich dir die Wahrheit sagen. Natürlich waren es Männer vom Staatssicherheitsdienst, die nur deinetwegen gekommen sind. Es ging wieder einmal um deinen Glauben und um deinen missionarischen Dienst in der Bevölkerung.«

Das ganze Land war von einem engmaschigen Kontrollnetz des Staatssicherheitsdienstes überzogen. Dennoch nutzten meine Frau und ich jede Gelegenheit, diesen Stasi-Offizier mehr und mehr mit Worten aus der Heiligen Schrift bekanntzumachen. Dabei hofften wir natürlich, daß das Wort Gottes ihn auch in seinem innersten Wesen ergreifen würde.

Eine erregte Debatte gab es im Sommer 1967 nach dem Sechs-Tage-Krieg in Israel. Der ägyptische Staatspräsident Nasser war einer der wenigen, der den Generalsekretär der SED und Staatsratsvorsitzenden Walter Ulbricht zum Staatsbesuch nach Ägypten einlud. Die arabischen Völker unterhielten damals zur DDR wegen ihrer auffallend antizionistischen Politik diplomatische Beziehungen. Natürlich legte man Wert darauf, daß in der DDR keine antisemitische, sondern nur »antizionistische« Politik betrieben wurde. Im Grunde war es der jahrtausendealte Kampf gegen den Gott Israels – gegen den Schöpfer überhaupt und damit auch gegen die Erwählung Israels als dem Volk Gottes hier auf Erden.

Oberleutnant Kühl wollte es nicht begreifen, daß Israel imstande war, gegen eine vierzigfache Übermacht zu kämpfen und zu siegen. »Wie konnte das nur möglich sein?« fragte er sich immer wieder.

Ich erklärte dem Stasi-Offizier, daß es im Nahost-Geschehen nicht nur um militärische und politische Auseinandersetzungen geht, sondern vor allem um eine endgeschichtliche Entwicklung, die alle Menschen und Völker zu einer Entscheidung für oder gegen den Gott Israels herausfordern wird.

»Aber dieser Krieg hat doch mit Gott nichts zu tun«, meinte Kühl, »das sind doch nur politische Machenschaften der USA und ihrer Verbündeten. Israel ist doch ein Pufferstaat des Kapitalismus – ein vorgeschobenes Bollwerk im Nahen Osten. Bekanntlich trennt dieser kapitalistische Staat die drei Kontinente: Europa, Asien und Afrika. Deshalb ist er dem Westen von größter Bedeutung,« meinte der Stasi-Offizier. »Wenn die Amerikaner nicht Milliarden Dollar in dieses Land pumpen würden, bestände der Staat Israel schon lange nicht mehr.«

Ich erklärte ihm daraufhin: »So kann man es natürlich auch sehen. Alles läßt sich irgendwie politisch, wirtschaftlich oder kulturell erklären. Geistlich gesehen hat man dann aber nur eine oberflächliche, weltliche Schau von dieser Sache. Sehen Sie, das moderne Israel setzt sich aus Nachkommen des alten Gottesvolkes der Bibel zusammen und ist damit auch noch heute Träger göttlicher Verheißungen. Es ist ein ungeheurer Entscheidungskampf in der unsichtbaren, wie auch in der sichtbaren Welt entbrannt, in dessen Verlauf der Widersacher Gottes, nämlich der Teufel, das Volk Gottes, aber auch die Gemeinde Jesu vernichten will. In diesem furchtbaren Ringen ist das biblische Geschehen mit der gewöhnlichen Tagespolitik aufs engste verwoben. Man kann zwar alles politisch oder wirtschaftlich sehen, aber man bleibt dann vor Gott nur ein sehr oberflächlicher Mensch. Ein Christ kann durch die Offenbarung des Heiligen Geistes hinter die Kulissen schauen. Doch ich kann mir vorstellen, daß für Sie solche Dinge nicht verständlich und auch nicht wichtig sind.«

»Doch, doch«, meinte Kühl aufgeschlossen, »erzählen Sie nur weiter.«

»Darf ich Ihnen einen Abschnitt aus der Bibel vorlesen, wo Gott durch den Propheten Jesaja, also bereits vor 2500 Jahren, von dem zerstreuten Volk Israel und seiner Erlösung und Sammlung in unserer Zeit spricht?«

Mein »Stasi-Freund« nickte. Ich begann zu lesen:

»So fürchte dich nun nicht, denn ich bin bei dir. Ich will vom Osten deine Kinder bringen und dich vom Westen her sammeln, ich will sagen zum Norden: Gib her! und zum Süden: Halte nicht zurück! Bring her meine Söhne von ferne und meine Töchter vom Ende der Erde, alle, die mit meinem Namen genannt sind, die ich zu meiner Ehre geschaffen und zubereitet und gemacht habe« (Jes. 43,1-7).

Mein Besucher hörte wißbegierig zu.

»Sehen Sie«, sagte ich zu ihm, »das Volk Israel hat ein von Gott verbrieftes Recht auf das ungeteilte Land im Nahen Osten. Ein solches Recht auf sein Land kann kein anderes Volk der Erde nachweisen. Gott hat diesem Volk seit Jahrtausenden immer wieder versichert:

›Darum sage, so spricht Gott der Herr: Ich will euch zusammenbringen aus den Völkern und euch zusammenbringen aus den Ländern, in die ihr zerstreut seid, und will euch das Land Israel geben‹ (Hes.11, 17).

Und im Propheten Jeremia, Kapitel 29, Vers 13-14 können wir zum gleichen Thema lesen: ›Ihr werdet mich suchen und finden; denn wenn ihr mich von ganzem Herzen suchen werdet, so will ich mich von euch finden lassen.‹

Bei Israel geht es um die Ehre Gottes und um die Wahrheit seines Wortes. Darum dürfen wir keine Entscheidung gegen Israel treffen und uns an keiner Aktivität gegen Israel beteiligen, weil wir sonst gegen Gott kämpfen würden.«

Sehr beeindruckt von der Aussage des prophetischen Wortes meinte Herr Kühl: »In dem Sinne würden wir ja eine falsche Politik verfolgen?«

Ich wollte natürlich darauf keine direkte Antwort geben und sagte: »Ich bin ja kein Prophet wie Jesaja, Jeremia oder Hesekiel, aber eines können Sie Ihrem Vorgesetzten weitergeben: Wer Israel haßt und verfolgt, der tastet Gottes Augapfel an, so steht es in der Heiligen Schrift. Wissen Sie, das ist meine ganz persönliche Ansicht, denn den wirtschaftlichen Aufschwung in der Bundesrepublik kann ich nur damit erklären, daß Westdeutschland nach dem Krieg sofort bereit war, dem Land Israel Milliarden zur Wiedergutmachung zu geben. So hat Gott schon zu Abraham gesagt:

›Ich will segnen, die dich segnen, und verfluchen, die dich verfluchen; und in dir sollen gesegnet werden alle Geschlechter auf Erden‹ (1.Mose 12, 3).

Bezüglich Israel gibt es keine Neutralität, denn Neutralität wird zur Schuld. Wer gegen Israel ist, fällt unter Gottes Gericht. Das können gerade wir Deutschen aus bitterer Erfahrung sagen. Deshalb müssen wir uns klar von einer neutralen oder antisemitischen Haltung distanzieren, um nicht wieder dem Gericht Gottes zu verfallen, wie schon einmal unter Hitler.«

Solche Aussagen gegenüber einem Stasi-Offizier hätten eigentlich zur sofortigen Verhaftung und Anklage wegen Staatsverleumdung oder Boykotthetze führen müssen, aber wir verspürten die Gegenwart Gottes und die Führung durch den Heiligen Geist. Deshalb wagte ich zum erstenmal, ihn zu fragen: »Herr Kühl, ist's gestattet, daß ich jetzt bete?« Als der Oberleutnant zustimmend nickte, begann ich zu beten:

»Wir danken dir, du großer Gott Abrahams, Isaaks und Jakobs, du Gott und Vater unseres Herrn Jesu Christi, daß du alle Menschen auf Erden liebst, auch Herrn Kühl. Bitte, schenk uns Gnade, daß das Licht des Heiligen Geistes in uns hell scheine und wir durch deine Gnade das ewige Ziel erreichen. Segne du Herrn Kühl und seine Familie. Schenke auch ihm das Licht der Erkenntnis, daß du uns alle ins Dasein gerufen hast und wir wieder zu dir zurückkehren müssen. Erinnere uns stets daran, daß wir vor dir einmal Rechenschaft über unser kleines Leben abzulegen haben. Sei uns allen gnädig. Im Namen Jesu, Amen!«

Herr Kühl griff in seine Aktentasche, um sein Tonbandgerät abzustellen, wie er es immer tat, wenn er bei uns war. Ob dabei an diesem Tag seine Kassette ausreichte, weiß ich nicht.

Beim nächsten Besuch griff er wieder in seine Aktentasche und holte für meine Frau eine Schachtel Pralinen heraus. Offensichtlich stellte er dabei das Tonbandgerät an. Er blieb in der Regel genau fünfundvierzig Minuten, nur beim letzten Besuch war es länger geworden. Wir kamen erneut auf das Volk Israel zu sprechen. Mit wachem Interesse verfolgte er die Ereignisse, die weltpolitische Lage und alles, was in diesem Land geschah. Ich merkte, wie sehr ihn dieses Thema gepackt hatte. Gleich begann er das Gespräch:

»Sagen Sie mal, Herr Höppner, ist denn Israel eine besonders intelligente oder religiöse Rasse, hat dieses Volk außergewöhnliche Talente oder Gaben?«

»Nein, Herr Kühl«, sagte ich, »Israel ist ein Volk wie jedes andere, aber Gott hat dieses Volk aus Liebe erwählt. Es sollte in der finsteren Heidenwelt eine Offenbarungsstätte Gottes sein. Darf ich Ihnen wieder aus der Heiligen Schrift von der Erwählung dieses Volkes vorlesen?« Erwartungsvoll sagte er: »Bitte, ja – es interessiert mich.«

Ich schlug meine Bibel auf und las:

»Denn du bist ein heiliges Volk dem Herrn, deinem Gott. Dich hat der Herr, dein Gott, erwählt zum Volk des Eigentums aus allen Völkern, die auf Erden sind. Nicht hat euch der Herr angenommen und euch erwählt, weil ihr größer wäret als alle Völker – denn du bist das kleinste unter allen Völkern – sondern weil er euch geliebt hat« (5. Mose 7, 6-8).

»Sehen Sie, Herr Kühl, die Liebe Gottes steht immer im Vordergrund, sie kommt auf uns zu. Auf mich, auf meine Frau und auf Sie. Jesus Christus hat von unserer Erwählung und Berufung auch gesprochen:

›Ihr habt mich nicht erwählt, sondern ich habe euch erwählt und gesetzt, daß ihr hingehet und Frucht bringet und eure Frucht bleibe, damit, wenn ihr den Vater bittet in meinem Namen, er es euch gebe. Das gebiete ich euch, daß ihr euch untereinander liebet‹« (Joh. 15, 16.17).

»Das ist doch dann eine Bevorzugung eines Volkes vor anderen? Das Volk Israel sündigt doch auch?« gab Oberleutnant Kühl zu bedenken.

»Da haben Sie vollständig recht, Herr Kühl, die Verheißungen des Segens sind stets an gewisse Forderungen und an den Gehorsam gegenüber Gott gebunden. Sehen Sie, Gott hatte dem Volke Israel im 5. Buch Mose Kapitel 28 wunderbare Verheißungen des Segens geschenkt, ihm andererseits aber auch furchtbare Strafgerichte angedroht, wenn sie seinen Geboten und Anweisungen nicht folgten. Diese Segensverheißungen bzw. Strafgerichte galten jedoch nicht nur dem Volke Israel damals, sondern auch den übrigen Nationen bis zum heutigen Tag. So liegt es bei uns Menschen, zwischen Segen und Fluch zu entscheiden. Wir treffen die Wahl, Herr Kühl, nicht Gott. Schauen wir uns einmal einige Verse aus dem 5. Buch Mose an:

›Der Herr wird dich vor deinen Feinden schlagen. Auf einem Weg wirst du wider sie ausziehen und auf sieben Wegen wirst du vor ihnen fliehen und wirst zum Entsetzen werden für alle Reiche auf Erden. Deine Leichname werden zum Fraß werden allen Vögeln des Himmels und allen Tieren des Landes, und niemand wird sie verscheuchen‹« (5. Mose 28, 25.26).

Ich schaute zu meinem »Stasi-Freund« auf: »Denken Sie nur an die letzten Jahrzehnte in Deutschland, Herr Kühl, wer hätte das gedacht, daß Gottes Wort auch wörtlich in Erfüllung gehen würde? Millionen von jüdischen Leichnamen mußte man in unserem Land verbrennen oder in Massengräbern verscharren.

Und ist nicht gerade auch über unser Volk dieses furchtbare Strafgericht hereingebrochen, weil wir den Zweiten Weltkrieg und den grausamsten aller Völkermorde an den Juden inszenierten?«

Um meine Überzeugungen klar zu verdeutlichen, wagte ich mich bei dem Stasi-Oberleutnat noch einen Schritt weiter vor: »Wenn ich ganz offen mit Ihnen reden darf, die Grenze durch Deutschland ist für mich ein offensichtliches Brandmal Gottes für die deutsche Nation – so sahen doch die Ghettomauern in Warschau auch aus.«*

Oberleutnant Kühl wurde sichtlich erregt. War ich vielleicht zu kühn vorgegangen und anmaßend gewesen? Um kein Risiko einzugehen, fügte ich schnell hinzu: »Israel ist auch ein Zeichen der Wiederkunft Jesu Christi . . . «

Der Stasi-Offizier blickte rasch auf seine Uhr. Die 45 Minuten waren wieder um: »Darüber können wir ja ein andermal sprechen . . . «, sagte er, »ich muß jetzt weiter!«

Er faßte wieder in seine Aktentasche, kurz danach verabschiedeten wir uns. Ich hatte eigentlich den Eindruck, daß er nicht so bald wiederkommen würde. Doch nach einigen Wochen war er schon wieder da.

Wir unterhielten uns zunächst nicht über die Wiederkunft Jesu Christi, sondern er begann: »Wissen Sie, ich höre am Morgen immer die religiösen Sendungen von Radio Luxemburg. Dort

* Wer den »antifaschistischen Schutzwall« als Mauer bezeichnete, der wanderte für zwei oder mehr Jahre ins Gefängnis. Vielleicht ist dies manchem Bundesbürger aus dem Westen nicht bekannt. Deshalb sprach ich nur von den Ghettomauern in Warschau.

spricht unter anderem auch ein gewisser Wim Malgo, ein Schweizer – haben Sie schon von ihm gehört?«

»Ja«, sagte ich, »er ist ein guter Israelkenner. Ich habe schon viel von ihm gehört.«

Jetzt zog er aus seiner Aktentasche ein Exemplar der Missionszeitschrift »Mitternachtsruf« hervor. »Ich habe Ihnen dieses Blatt mitgebracht, Sie können es behalten und lesen.« Ich war sprachlos, so genau wußten die Männer vom Staatssicherheitsdienst Bescheid. Es mußte schon ein sehr umfangreicher Spitzelapparat sein, wenn sich die Leute mit jedem einzelnen Missionar aus dem Westen beschäftigten.

»Dieser Mann schreibt da etwas von einem Einfall Rußlands in Israel. Sind Sie auch seiner Meinung?« forschte er.

»O ja«, sagte ich, »in der Heiligen Schrift wird das beschrieben.«

Gleich schlug ich meine Bibel auf:

»Der Herr sagte zu mir: ›Du Mensch, wende dich an Gog aus dem Land Magog, den Großfürsten der Völker Meschech und Tubal, und richte ihm aus: Gott, der Herr, läßt dir sagen: du mußt dich vor meiner Macht beugen, du Großfürst von Meschech und Tubal! Ich lenke dich, ich ziehe dir Haken durch deine Kinnlade und hole dich herbei, und mit dir dein ganzes großes Heer, lauter gut gerüstete Reiter mit Langschilden, Rundschilden und Schwertern. Die Kriegsleute vieler Völker folgen dir, Männer aus Gomer, und Bet-Togarma im äußersten Norden, Männer aus Persien, Äthiopien und Lybien, gerüstet mit Helm und Schild. Halte dich bereit mit der ganzen Heeresmacht, die unter deinem Befehl steht! Es werden zwar noch viele Jahre vergehen, aber dann werde ich dich holen und in das Land Israel rufen. Der Krieg hatte es entvölkert, und lange Zeit lag es verwüstet und menschenleer; doch inzwischen habe ich seine Bewohner aus fremden Völkern wieder dorthin zurückgebracht. Während sie sorglos und in Frieden in ihrem Land leben, wirst du wie ein Gewittersturm über sie hereinbrechen; dein Reiterheer mit den Hilfstruppen aus vielen Völkern wird das ganze Land überschwemmen.

Sage zu Gog: Höre, was Gott, der Herr, zu dir zu sagen hat: Einst, wenn mein Volk Israel sorglos und in Frieden lebt, wirst du aus dem Land im äußersten Norden aufbrechen, gefolgt von deinen Reiterheeren aus vielen Völkern, einer riesigen Heeresmacht. Du wirst mit ihr gegen mein Volk Israel heranziehen und das ganze Land überschwemmen. Ich selbst werde dich in ferner Zukunft gegen mein Land heranführen. Dann soll alle Welt sehen, wie ich an dir, Gog , meine Macht zeige. Alle sollen erkennen, daß ich der Herr bin. Ich sage dir: Du bist der Mann, auf den ich durch meine Knechte, die Propheten Israels, hingewiesen habe. Durch sie habe ich angekündigt, das ich dich gegen Israel heranführen werde.‹«

Ich schaute kurz zu Herrn Kühl auf und bemerkte, daß er, ohne Ermüdungserscheinungen zu zeigen, mit gespannter Aufmerksamkeit meinen Worten folgte. So getraute ich mich, unverdrossen fortzusetzen: »Gott, der Herr, sagt: ›An dem Tag, an dem Gog in das Land Israel einfällt, wird mein Zorn mächtig auflodern. Schon jetzt bin ich von Zorn erfüllt und schwöre: An diesem Tage soll das Land von einem schweren Erdbeben heimgesucht werden. Menschen und Tiere werden vor mir zittern, selbst die Vögel in der Luft und die Fische im Meer. Die Berge brechen auseinander, die Felsen stürzen ins Tal, und alle Mauern fallen ein. Ich sorge dafür, daß auf den Bergen Israels jeder gegen jeden das Schwert zieht. Ich richte unter den Truppen Gogs ein Blutbad an, ich schicke die Pest unter sie, ich kämpfe gegen sie mit Hagel und sintflutartigem Regen, und lasse Feuer und Schwefel auf sie fallen. So zeige ich meine Macht an Gog, und alle Welt wird erkennen, daß ich der Herr bin.«

Ohne mich zu unterbrechen, hatte der Geheimdienstoffizier zugehört, das war wirklich ein Geschenk Gottes. Die Texte des Propheten hatten ihn sehr ergriffen.

»Das ist schon verblüffend, wie genau und umfassend der Prophet solche aktuellen, politischen Entwicklungen vorausgesehen hat. Wann lebte dieser Prophet eigentlich?«

»Man weiß, daß dieser Prophet mit den Israeliten in die babylonische Gefangenschaft gegangen war, vor ca. 2600 Jahren also.«

»Das ist ja unglaublich, ich habe nicht gewußt, daß die Bibel solche hoch aktuellen Aussagen macht«, versicherte mir der Oberleutnant.

»Ja, und wenn Sie es wünschen, können Sie noch hören von dem Einfall eines Riesenreiches in Israel, das nach den Aussagen des Propheten im äußersten Norden angesiedelt ist.«

Der Stasi-Offizier nickte zustimmend, und so las ich weiter aus dem 39. Kapitel:

»Du Mensch, sag zu Gog: ›Höre, was Gott, der Herr, dir sagen läßt: Du mußt dich vor meiner Macht beugen, Gog, du Großfürst der Völker Meschech und Tubal! Ich lenke dich, ich schreibe dir deinen Weg vor, ich führe dich aus dem äußersten Norden auf die Berge Israels. Dort schlage ich dir den Bogen aus der linken Hand und die Pfeile aus der rechten. Auf den Bergen Israels wirst du den Tod finden, und genau so ergeht es deinem ganzen Heer. Auf freiem Feld wirst du fallen; den Raubvögeln und wilden Tieren werfe ich dich zum Fraß hin! Das sage ich, der Herr.

Ich lege Feuer an die Städte des Landes Magog und an die Städte am Meer, in denen die Menschen sorglos dahinleben. Sie sollen erfahren, das ich der Herr bin. Ich erweise mich als der heilige Gott inmitten meines Volkes Israel; nie mehr sollen die Völker verächtlich über mich reden. Sie sollen erkennen, daß ich der Herr bin, der Israel als sein heiliges Volk auserwählt hat‹« (Hes. 39, 1-16 – GN).*

Jetzt zeigte ich ihm anhand einer Landkarte, welches Land im äußersten Norden von Israel liegt. »Sehen Sie, Herr Kühl, wenn Sie hier auf der Landkarte zwischen dem 30. und 40. Längengrad nordwärts gehen, gelangen sie direkt nach Moskau.

Hellhörig geworden fragte Oberleutnant Kühl: »Das bedeutet also Niederlage und Vernichtung für die Sowjetunion?«

»Nach dieser Aussage des Propheten, ja«, antwortete ich ihm.

»Aber es ist doch kaum möglich, daß eine so riesengroße Militärmacht wie die Sowjetunion gegen dieses kleine Israel verlieren sollte?« erwiderte Herr Kühl nachdenklich.

»Nach menschlichen Maßstäben ist es unmöglich, aber bei Gott sind alle Dinge möglich, weil er ja versichert hat, daß er selbst durch Naturkatastrophen wie Erdbeben und Feuerregen eingreifen will.«

* Die Worte des Propheten las Herr Höppner dem Stasi-Offizier vor. Wegen der Verständlichkeit gegenüber den im prophetischen Wort ungeübten Lesern haben wir die Übersetzung der Guten Nachricht gewählt und absichtlich in dieser Ausführlichkeit belassen. Es erschien uns wichtig, dem Leser einmal zu verdeutlichen, welch eine Fügung es war, daß dieser Stasi-Offizier überhaupt dem Worte Gottes zuhörte.

»Meinen Sie nicht, daß es sich um atomare Sprengköpfe handelt?« fragte er neugierig.

»Es ist eigentlich gleichgültig, wodurch die Vernichtung kommt, nur hat es sich bewiesen, daß alles, ja wirklich alles, was Gott prophezeien ließ, bis auf den heutigen Tag in Erfüllung gegangen ist.«

Wieder war seine Zeit abgelaufen, wieder verabschiedete sich der Stasi-Offizier.

Auf die Länge der Zeit wurde er mit uns so vertraut, daß wir ihn zum Abendessen einluden.

Bei dieser Gelegenheit versuchten wir, so daß er es hören konnte, für die Errettung seiner Seele zu beten. Daraufhin lud er uns ein, ihn privat zu besuchen. Diese Einladung nahmen wir aber nicht an, weil wir ihn nicht unnötig in Schwierigkeiten bringen wollten.

Bei einem Besuch bezeugte ich Herrn Oberleutnant Kühl: »Meine Frau und ich glauben an die persönliche Wiederkunft Jesu Christi und auch daran, daß wir, falls wir noch leben sollten, bei dieser göttlichen Verwandlung dabeisein werden.«

Ich blickte dem Beauftragten vom Staatssicherheitsministerium ermutigend in die Augen: »Sagen Sie, Herr Kühl, können Sie das auch glauben?«

Er nickte mit dem Kopf und sagte aufrichtig: »Ja, wenn ich so gläubig wäre wie Sie, könnte ich das schon glauben.«

»Nun, dann wollen wir aber ernsthaft beten, daß Sie so gläubig werden«, antwortete ich ihm freundlich.

Ich glaube felsenfest, daß Gottes Wort nicht leer zurückkommt, sondern Frucht bringt, auch bei einem Stasi-Offizier. Vielleicht treffe ich ihn noch hier auf Erden oder aber im Himmelreich als einen Geretteten wieder.

Bei seinem letzten Besuch wurde Oberleutnant Kühl von zwei anderen Stasi-Mitarbeitern begleitet. Einer der beiden schaute sich mit einem finsteren und mürrischen Blick in unserer Wohnung um und beobachtete uns ganz genau. Es schien, als würden diese Herren mit Herrn Kühl nicht zufrieden sein. Während unserer Unterredung, bei der ich bei gesellschaftlichen Fragen stets mit Worten der Heiligen Schrift antwortete, sagte Herr Kühl plötzlich: »Sehen Sie, ich vertrage das rauhe Klima hier im Norden nicht, deshalb muß ich mich versetzen lassen.« Wir ahnten, daß dieser Satz eine doppelte Bedeutung hatte. Das rauhe Klima war für ihn nicht das Wetter, sondern der politische Druck.

Später sahen unsere Söhne diesen Oberleutnant noch einmal in Ost-Berlin während eines Jugendgottesdienstes in einer freikirchlichen Gemeinde. Wahrscheinlich hatte er dort sein neues Aufgabengebiet zugewiesen bekommen.

Von diesem Zeitpunkt an bekamen wir es mit einem Offizier des Staatssicherheitsdienstes namens Müller zu tun. Er war ein sehr sympathischer Mann. Ermutigt durch die Erfahrung mit Herrn Kühl, sprachen wir mit diesem Stasi-Offizier gleich das Thema Israel an. Auch er blieb, wie Oberleutnant Kühl, genau 45 Minuten zum Gespräch bei uns, während ein zweiter Mann von jetzt an in einem Trabi draußen auf ihn wartete.

Wahrscheinlich wollte man bei den Besuchen in unserem Haus den Spitzel mit einem »Wachspitzel« unterstützen, aber das ist nur unsere Annahme. Mit Herrn Müller sprachen wir viel über das Wirken des Heiligen Geistes. Ich versuchte, ihm anhand des Johannesevangeliums zu zeigen, wie vielfältig er sich in unserem Leben bezeugt:

»Sehen Sie, durch das Wirken des Heiligen Geistes werden jedem Menschen die Augen geöffnet über die Wahrheit, aber auch über die Machenschaften der Lüge. Der Heilige Geist gibt uns die Gewißheit, daß der Fürst dieser Welt gerichtet ist.«

»Wer ist denn der Fürst dieser Welt?« wollte Müller wissen.

»Der Widersacher Gottes ist der Teufel, der alle Menschen zur Auflehnung gegen Gott bringen will. Die sich aber dem Herrn Jesus Christus anvertrauen, die wird er immer tiefer in die Wahrheiten Gottes leiten. Für Menschen, die ihr Leben dem Herrn Jesus übereignet haben, hat Jesus Christus die Kraft des Satans zum größten Teil ausgeschaltet, er ist für sie nur noch ein Versucher, er kann Gottes Kinder nicht mehr als unumschränkter Herrscher tyrannisieren.«

Vom Worte Gottes angerührt verabschiedete sich Herr Müller eines Tages von uns und bekannte uns freimütig: »Ich komme sobald wie nur möglich wieder zu Ihnen.«

Ganz offen antwortete ich ihm daraufhin: »Mein größter Wunsch ist es, daß wir uns im Himmel wiedersehen.«

Tränen stiegen dem Stasi-Offizier in die Augen. Mit bewegter Stimme sagte er: »Ich auch.«

Draußen winkte er uns noch lange zu. Wir haben diesen Mann nie wieder gesehen.

Willi Höppner

Ein missionierender Bausoldat

Vor 25 Jahren wurde ich in der DDR geboren und wuchs dort auf. Wie die meisten Kinder in der DDR schickte man mich in eine Pionierorganisation. Wir lernten dort unter anderem auch viele Lieder mit zum Teil antigöttlichem Inhalt singen. Sie bereiteten mir schon als Kind manche Gewissensnöte, da ich durch meine gläubige Mutter eine christliche Erziehung erhielt.

Als ich mich mit zehn Jahren bekehrte und zum persönlichen Glauben an Jesus Christus kam, belasteten mich diese Widersprüchlichkeiten durch die Mitgliedschaft in der Pionierorganisation in noch größerem Maße.

In der Schule war es Pflicht, in einer politisch orientierten Arbeitsgemeinschaft mitzuwirken. Ich spielte damals in einem Blasorchester der Landwirtschaftsgenossenschaft Trompete. Wir musizierten nicht nur bei festlichen Anlässen, sondern traten insbesondere bei politischen Veranstaltungen auf, z. B. am ersten Mai oder am Tage der Opfer des Faschismus.

Es gab besondere Auflagen, die bei dem Aufbau des Sozialismus und wegen der Freundschaft mit der Sowjetunion eingehalten werden mußten. Das Fundament des allgemeinen politischen Denkens war die Ideologie des Marxismus-Leninismus, also eine vollständig atheistische Lehre. Insbesondere offenbarte sich diese in der zweiten Strophe der Internationale: »Uns rettet kein höheres Wesen, kein Gott, kein Kaiser, kein Tribun.«

In der siebenten Klasse wurden alle Schüler für die Aufnahme in die FDJ durch besondere Lehrgänge geschult, die dann mit einer Prüfung endete.

Ich sagte damals der Lehrerin, daß ich nicht in die FDJ eintreten werde, weil ich an Jesus Christus glaube. Natürlich fürchtete ich mich sehr, vor das Lehrerkollegium treten zu müssen, um ihnen wegen dieser Tatsache Rede und Antwort zu stehen.

Gott stärkte mich an diesem Morgen mit dem Wort:

»Machet die Tore weit und die Türen in der Welt hoch, daß der König der Ehren einziehe! Wer ist der König der Ehre? Es ist der Herr, stark und mächtig, der Herr, mächtig im Streit. Machet die

Tore weit und die Türen in der Welt hoch, daß der König der Ehre einziehe! Wer ist der König der Ehre? Es ist der Herr Zebaoth; er ist der König der Ehre.«

Ja, ich wollte meine Herzenstür für ihn weit öffnen, um dem ewigen Schöpfergeist, nämlich seinen Heiligen Geist, der uns in alle Wahrheit Gottes leitet, aufzunehmen. Für mich gab es nur einen König der Ehre, nämlich meinen Heiland Jesus Christus. Ich wollte die Tür meiner Seele weit öffnen, weil nur er stark und mächtig ist, um für mich streiten und meine Feinde besiegen zu können. Er hatte mir verheißen, daß er mich zur Stunde an die Worte erinnern würde, die ich reden soll, um meinen Feinden begegnen zu können.

Am Nachmittag bei der Prüfung vor dem Lehrerkollegium spürte ich, wie diese Kraft Gottes bei mir war und mir half. Schon nach kurzer Zeit der Diskussion sagte eine Lehrerin: »Wir wollen jetzt aufhören, über Glaubensfragen zu streiten. Frank hat eben eine starke christliche Einstellung und ist von den Worten der Bibel fest überzeugt.«

Mir fiel ein Stein vom Herzen, daß ich nun nicht mehr an der Jugendweihe teilzunehmen brauchte, denn ich wollte mich nicht einem gottlosen System weihen, weil mein Leben Jesus gehörte.

Ich bin auch sehr dankbar, daß meine Mutter mich in allen Lebenslagen durch das Gebet stärkte und mir im Glauben weiterhalf. Sie überließ mir stets die freie Gewissensentscheidung.

Menschen, die nicht in diesem antigöttlichen System groß geworden sind, haben überhaupt keine Vorstellung davon, welchen Diskriminierungen, Lästerungen und Benachteiligungen ein Jünger Jesu ausgesetzt ist und was er ertragen muß, wenn er seinen Glauben in dieser total kommunistischen Umgebung bekennt.

Vom Evangelium hatte ich schon viel in der Sonntagsschule gehört. Ich bin meinem Sonntagsschullehrer sehr dankbar für diesen Dienst, auch für alle Bibelverse und geistlichen Liederstrophen, die ich auswendig lernen mußte.

In unserer christlichen Jugendgruppe hatte ich aber leider keine echten Vorbilder, denn viele von ihnen gehörten der FDJ und anderern politischen Organisationen an. Sie glaubten, auch in der FDJ mitarbeiten zu können.

Diese Jugendlichen meinten, der Herr sähe doch das Herz an, man brauche anderen also nichts vom Evangelium und vom Leben mit Jesus zu erzählen. Ich entgegnete ihnen aber: »Nein, nein, das Wort Gottes zeigt uns genau das Gegenteil. Die Jünger der ersten Gemeinde widerstanden immer ihren geistlichen Feinden mit den Worten: ›Wir können es ja nicht lassen, davon zu zeugen, was wir mit dem Auferstandenen erlebt haben.‹

Da ich der einzige war, der kein Blauhemd trug, ergaben sich viele Gespräche mit meinen Mitschülern, Lehrern und auch dem Direktor.

Ich hatte eine Klassenlehrerin, die für mich sehr viel Verständnis aufbrachte, die mich sogar gegenüber Andersdenkenden in Schutz nahm. Zu ihnen sagte sie mit Nachdruck: »Ich weiß, es besteht im allgemeinen die Verpflichtung, daß man sich in einer gesellschaftlichen Gruppe engagiert. Der Frank hat aber schon genug in seiner christlichen Gemeinde zu tun, wir wollen ihn nicht noch in eine andere Gruppe hineinzwängen.« So hat mir diese Pädagogin sehr geholfen.

Ich kann mich auch an eine ältere kommunistische Lehrerin erinnern, die mit selbstloser Opferbereitschaft ihre politische Einstellung vertrat. Sie war eine sogenannte »Edelkommunistin«, wie man so sagt. Mit dieser Lehrerin kam ich sehr gut aus. Mit solchen Leuten konnte man eher sprechen, als mit den »Karrierekommunisten«. Diese, mir wohlgesonnene Kommunistin, hat mich wiederholt gefragt, ob ich durch meine Überzeugung Nachteile oder Schwierigkeiten hätte. Sie war stets bereit, mir zu helfen, obwohl sie wußte, daß ich den Kommunismus ablehnte.

Bei allen Entscheidungen gab es stets große Spannungen, weil ich doch ein Außenseiter in der Gesellschaft war. Durch den Glauben an Jesus kam stets ein heißer Kampf mit den gottfeindlichen Ideologien auf. Täglich wurde ich im Streit und in mutigem Überwinden gefordert.

Nach dem Abschluß meiner Schulzeit begann ich eine Lehre als Bauarbeiter.

Die vormilitärische Ausbildung lief neben der Lehre einher, zum Beispiel am Samstag und Sonntag, hin und wieder aber auch länger. Auch das war eine Forderung des Staates an alle Jugendlichen. Vor angetretener Formation wurden wir gefragt, wer sich nicht in der Lage fühle, an der Schießausbildung teilzunehmen. Hier entschied ich mich schon, den Dienst mit der Waffe zu verweigern.

Als ich mich meldete, trat ein Mann in Zivil auf mich zu. Es war der Direktor der Berufsschule. Er reagierte sehr scharf und drohte, das Lehrverhältnis als Bauarbeiter zu lösen, das ich gerade begonnen hatte, wenn ich meinerseits die Bedingungen des Lehrvertrages nicht erfüllen würde. Hierzu gehörte nun einmal der Schießunterricht während der vormilitärischen Ausbildung.

Zu Beginn der Ausbildung hatten wir ein Formular erhalten mit der direkten Aufforderung, in den FDGB (Kommunistischer Gewerkschaftsbund) einzutreten. Ich trat der Gewerkschaft bei, weil ich glaubte, daß es normal sei, sich gewerkschaftlich zu organisieren. Doch innerlich war ich gemahnt, es nicht zu tun.

Da ich sonst in keiner politischen Organisation Mitglied war, wurde ich natürlich wegen meiner konsequenten Einstellung oft angesprochen und hatte dabei die beste Gelegenheit, meinen Glauben zu bezeugen. Ganz besonders freute ich mich, als eines Tages der Leiter des FDJ an mich herantrat und interressiert Fragen stellte zu meinem Glauben und den Aussagen der Bibel. Ich versuchte, diesem kommunistischen Jugendleiter an Hand der Heiligen Schrift das Wort aus dem Johannesevangelium zu erläutern: »Es sei denn, daß jemand von neuem geboren werde, so kann er das Reich Gottes nicht sehen« (Joh. 3,3).

»Wissen Sie, diese neue Geburt ist ein geistliches Wunder und kann nur durch den Heiligen Geist geschehen. Ohne Ihre Hinwendung zu Gott und ohne das Wirken seines göttlichen Geistes gibt es keinen Zugang zum Reich Gottes. Die Wiedergeburt ist ein Geheimnis des Glaubens. Menschlich gesehen kann man dieses Wirken wohl nicht ganz erfassen. Können Sie sich aber vorstellen, daß Menschen, die diese Wiedergeburt in ihrem Leben nicht erfahren, auf ewig verlorengehen? Auch Sie müssen Jesus Christus annehmen und ihn erleben als Ihren persönlichen Retter und Erlöser, sonst droht Ihnen die ewige Verdammnis.«

Später schenkte ich diesem FDJ-Leiter eine Bibel, die er auch bereitwillig annahm. Wenige Tage darauf fragte er mich: »Entschuldige bitte, hast du vielleicht deine Bibel bei dir? Wenn ja, dann zeig mir doch bitte die Stelle, wo die Zehn Gebote stehen.« Erfreut schlug ich diese Stelle auf und las ihm auf seinen Wunsch hin aus 2. Mose 20, 1-11 die Zehn Gebote vor.

Ich staunte und freute mich darüber, mit welcher Aufmerksamkeit er das Wort aufnahm. Er hörte nun, daß wir uns keine Bildnisse machen oder irgendeinen Götzen dieser Erde anbeten sollen, sondern nur Gott, dem Schöpfer, unsere Ehre geben dürfen.

Auch stand ja in diesem Text geschrieben, daß diese Erde nicht durch einen undefinierbaren Urknall entstanden ist, sondern durch das Wort des allgegenwärtigen Schöpfers und durch die Wirksamkeit seines Heiligen Geistes.

Der Jugendleiter fragte mich: »Hier steht doch: ›Du sollst den Feiertag heiligen‹, aber du arbeitest doch auch am Samstag nicht. Dann müßtest du doch logischerweise als Christ am Samstag arbeiten?«

Ich antwortete ihm: »Der Sonntag gehört Gott, dem Herrn, aber den geschenkten Samstag benutze ich dazu, das Reich Gottes und den Namen Jesu auf Erden in meiner Umgebung bekanntzumachen. Warum sollte ich nicht die mir gegebene Zeit für die Verbreitung des Evangeliums nutzen?«

Der kommunistische Jugendleiter war von meiner Einstellung beeindruckt.

Nach der Lehre arbeitete ich in einer Tiefbaubrigade. Eine Brigade setzte sich zusammen aus einer Gruppe von sechs bis zehn Arbeitern. Erfüllte sie die vorgegebenen oder auch vereinbarten Bedingungen, dann konnte die sogenannte »Sozialistische Brigade« zum »Kollektiv der sozialistischen Arbeit« ernannt werden. Diese Ehrung war eine hohe Auszeichnung in der DDR, und zudem noch mit einer stattlichen Gehaltsaufbesserung verbunden. Da man von den Mitgliedern der sozialistischen Brigade allerdings einen noch intensiveren Einsatz in unserem damaligen System erwartete, lehnte ich diese Auszeichnung ab.

Die politische Beeinflussung nahm natürlich kein Ende. Kaum hatte man die eine Schwierigkeit überwunden, dann baute sich schon wieder eine andere Hürde auf.

Später ließ ich mir die Satzungen des FDGB und des FDJ (»Freie Deutsche Jugend« – kommunistische Jugendorganisation) geben, um mich zu informieren, auf welcher ideologischen Grundlage sie basieren. Nun las ich schwarz auf weiß, daß beide Organisationen auf den Grundlagen des Marxismus-Leninismus aufgebaut sind, und damit eindeutig auf dem Atheismus.

Erschrocken stellte ich fest, daß ich mich durch die Mitgliedschaft diesem System verpflichtet hatte. Andererseits aber konnten alle Jugendlichen in der FDJ Mitglieder werden, gleich welcher

Rasse, Nationalität oder Religion sie angehörten. So wollte man alle Jugendlichen für diese gottlose Lehre mißbrauchen. Ich erklärte deshalb meinen Kollegen, daß ich diese Aktivitäten nicht unterstützen könne und deshalb meine Austrittserklärung unterschrieben habe. Die Kollegen reagierten sehr empört auf mein Handeln, da sie fürchteten, ihre Sache könne Schaden nehmen. Diese Bauarbeiter waren zwar auch nicht von diesem politischen System überzeugt, aber es ging ihnen eben um das Geld. Sie konnten nicht verstehen, wie ich den Kommunisten das Geld schenken konnte. Ich fühlte mich aber an das Wort Gottes gebunden und wollte meinen Herrn und Heiland nicht für einen Judaslohn verraten. Damals war mir gerade das Wort in den Sinn gekommen:

»Weil du mein Wort von der Geduld bewahrt hast, will auch ich dich bewahren vor der Stunde der Versuchung, die kommen wird über den ganzen Weltkreis, zu versuchen, die auf Erden wohnen. Siehe, ich komme bald; halte, was du hast, daß niemand deine Krone nehme! Wer überwindet, den will ich machen zum Pfeiler in dem Tempel meines Gottes, und er soll nicht mehr hinausgehen, und ich will auf ihn schreiben den Namen meines Gottes und den Namen des neuen Jerusalem, der Stadt meines Gottes, die vom Himmel herniederkommt von meinem Gott, und meinen Namen, den neuen« (Offb. 3, 10-12).

Natürlich muß jeder Mensch seine Arbeit auch in einer total gottfeindlichen Welt erfüllen und damit sein tägliches Brot verdienen, aber alle ideologischen Aktivitäten, die darüber hinausgehen, sind Dinge, die die Lehre des Atheismus fördern. Deshalb wollte ich nicht dieser sozialistischen Brigade meine Kräfte opfern. Außerdem hatte Jesus gesagt, daß man nicht zwei Herren dienen kann.

Während eines Klassentreffens der FDJ wurden wir einmal gefragt: »Was ist der Sinn des Lebens?«

Die meisten Jugendlichen antworteten: »Für den Sozialismus zu arbeiten und zu kämpfen.«

Das war eine stereotype Antwort, die jeder so dahersagte. Als man mir diese Frage stellte, entgegnete ich entschieden:

»Für mich ist das Wichtigste, für das Reich Gottes zu arbeiten und den Namen Gottes zu verherrlichen und allen Menschen das Evangelium zu verkündigen. Da wir als Menschen durch die

Sünde von Gott getrennt sind, aber durch die Erlösung wieder Zugang zu Gott haben, ist es meine größte Freude, dem Schöpfer zu dienen. Die Vergebung der Schuld eröffnet mir den Weg zum Himmelreich. Deshalb will ich alle Menschen zu diesem Retter führen.«

Auf diese Antwort war man natürlich nicht gefaßt.

Eine meiner Lehrerinnen vertrat die Behauptung: »Ist dir gar nicht klar, daß der Kommunismus genau die gleichen Ziele hat? Gerade er ist wie keine andere Lehre in der Lage, den Menschen Frieden, Wohlstand und Sicherheit zu geben.«

»Das ist nicht dasselbe«, widersprach ich, »den wirklichen Frieden kann nur Jesus Christus geben, und das ist kein weltlicher Friede.«

Später wurde ich mit der Frage der Wehrdienstverweigerung konfrontiert. Da ich mich vorher eingehend mit der Bergpredigt auseinandergesetzt hatte, war mir klargeworden:

»Des Menschen Herz ist böse von Jugend auf«, das ist Gottes Aussage über den Menschen. Adam und Eva waren gebeten, sich die Erde untertan zu machen und fruchtbar zu sein. An dieser Aufgabe scheiterten sie. Seit diesem Geschehen leben wir alle im Spannungsfeld zwischen »Gut und Böse«. Das Böse geschieht wie von selbst. Gott gab den Menschen seine Gebote, doch war es bis auf den heutigen Tag niemandem möglich, diese Gebote im vollen Sinne des Schöpferwortes zu erfüllen oder einzuhalten. Jenseits von Eden gerieten die Völker immer wieder von einer Katastrophe in die andere.

Auch im zwanzigsten Jahrhundert konnte das Mißverhältnis zwischen dem Anspruch Gottes an das gesellschaftliche Zusammenleben der Völker und der Realität ihres Umgangs miteinander in keiner Weise positiv verändert werden. Wir leben und sind umgeben von dem lügnerischen Geist der Selbstzerfleischung. Es ist der Menschheit nicht möglich, diesen Teufelskreis aus eigener Kraft zu durchbrechen.

Die Völker rufen: »Frieden« und führen seit Jahrtausenden Krieg. Ihre Taten stehen im krassen Gegensatz zu ihren Bemühungen. Millionen haben das Wort Gottes in grausamer Weise zu allen Zeiten mißachtet. Es ist den Menschen gesagt: »Du sollst nicht töten!«

Aber die Tageszeitungen mit ihren grellen Schlagzeilen sind bis an den Rand gefüllt mit zahllosen Berichten über Verkehrsunfälle, Entführungen, Mordanschläge, Terrorakte und Kriegsereignisse, Brudermord, Vatermord, Muttermord, Kindermord und Völkermord. Die Welt ist voller Kriegsgeschrei, die Menschen sind beunruhigt durch Tyrannei, Drangsalierungen, Entführungen und heimtückischem Haß.

Medien aller Art versetzen die Menschen mit ihrer Flut an Informationen in Angst und Schrecken: Kinder bringen Kinder um, Eheleute erschlagen einander; im angetrunkenen Zustand tötet ein Vater seinen Sohn und so weiter und so fort.

»Wir stammen aus einer langen Reihe von Mördern«, hat Alexander Mitscherlich einmal gesagt.

»Im Herzen sind wir alle Mörder«, erklärte der Theologe Locher. Der Mensch hat das Töten zu einer Kunst gemacht. Nirgends beweist er seinen Erfindergeist besser als hier. Er erschlägt, erschießt, vergast, erhängt, kreuzigt, köpft, verbrennt, erstickt, ertränkt. Er hat die Guillotine erfunden, den Galgen, den elektrischen Stuhl, den Gasofen und das Kreuz.

»Denn aus dem Herzen kommen arge Gedanken: Mord, Ehebruch, Unzucht, Dieberei, falsches Zeugnis, Lästerung« (Matth. 15, 19).

»Ihr habt gehört, daß zu den Alten gesagt ist, ›Du sollst nicht töten; wer aber tötet, der soll des Gerichts schuldig sein.‹ Ich aber sage euch: ›Wer mit seinem Bruder zürnt, der ist des Gerichts schuldig; wer aber seinem Bruder sagt: du Nichtsnutz, der ist des Hohen Rates schuldig; wer aber sagt: du gottloser Narr!, der ist des höllischen Feuers schuldig« (Matth. 5, 21.22).

Der Mensch hat das Töten zur staatlichen Institution gemacht. Auf keinem Gebiet ist die Gesellschaft so erfinderisch wie beim Völkermord: Lanzen, Schwerter, Spieße, Maschinengewehre, Handgranaten, Dynamit, Atombomben, Neutronenbomben, bakterielle und chemische Kampfstoffe zeugen von dem dämonisch inspirierten Erfindergeist des Menschen. Alle diese Überlegungen machten es mir unmöglich, eine Waffe zu ergreifen, um mich nicht ebenfalls des ungeheuerlichen Völkermordes schuldig zu machen. Daher lehnte ich den Dienst mit der Waffe ab.

Es gab in der DDR drei Alternativen:

1. den Wehrdienst im Sinne der Obrigkeit zu tun.

2. den Wehrdienst mit der Waffe zu verweigern und trotzdem in die Armee integriert zu werden durch eine Einheit der Bausoldaten,
3. den Dienst in der Armee völlig zu verweigern, d. h. für seinen Glauben verurteilt zu werden und ins Gefängnis zu gehen.

Ich habe mich bei der Musterung für den zweiten Weg entschieden. Schon während der Berufsausbildung wurden wir von Offizieren der Volksarmee zum persönlichen Gespräch aus der Klasse herausgerufen. Diese Gespräche hatten verhörartigen Charakter. Mir wurde die Frage gestellt: »Was wollen Sie bei der Armee machen, in welche Waffengattung wollen Sie eintreten?«

Ich sagte ihnen damals: »Als Bausoldat ohne Waffe.«

»Was würden Sie tun, wenn jemand Sie bedrohen würde und Sie erschießen will?«

Dies war die typische Frage, die jedem Jugendlichen gestellt wurde, der nicht in die militärische Ausbildung wollte.

Der Offizier fügte hinzu: »Dann müssen Sie doch zuerst schießen.«

Ich gab ihm zu bedenken: »Mir ist dieses Leben nicht alles. Das wirkliche Leben beginnt für mich in der Gemeinschaft mit Gott und seinem Sohn Jesus Christus. Ich sehe nicht den Sinn meines Daseins darin, daß ich mein Leben um jeden Preis erhalte, denn so hat es auch der Herr Jesus formuliert: ›Was hülfe es dem Menschen, wenn er die ganze Welt gewönne und nähme doch Schaden an seiner Seele? Oder was kann der Mensch geben, damit er seine Seele wieder löse?‹

Unter diesem Gesichtspunkt bekommt das Leben doch eine ganz andere Perspektive. Ich hoffe, daß Sie mich darin verstehen.«

Mir war es ein Anliegen, daß diese Menschen erkannten, daß ich nicht nur irgendwelchen romantischen pazifistischen Idealen nachstrebte. Als überzeugter Christ wollte ich ihnen stets ein Zeugnis vom Evangelium und von meinem persönlichen Glauben an Jesus Christus darlegen.

Der Offizier fragte mich später: »Wie sehen Sie den Weg, auf dem man persönlich zu Gott kommen kann?«

Ich antwortete: »Der Mensch ist von Anbeginn zur Gemeinschaft mit Gott geschaffen, aber durch sein Fehlverhalten wurde er von Gott getrennt. Diese Trennung ist die eigentliche Folge der

Sünde. Nur durch das Geschehen am Kreuz von Golgatha konnte uns der Weg zur Versöhnung mit Gott geschaffen werden.«

Dann bezeugte ich diesem Offizier, daß es einen »breiten Weg« gibt, auf dem die meisten Menschen ins Verderben gehen, und daß es einen »schmalen Weg« gibt, der zum Himmelreich führt.

Ich hatte den Eindruck, dieser Offizier war wirklich interessiert. Damals wurde ich noch zu einer Abschlußbesprechung vor eine Kommission geladen, in der ich den Leiter des Wehrkreiskommandos kennenlernte.

Während meiner Dienstzeit in unserer Einheit wurde ich von einem Offizier gefragt: »Freuen Sie sich, daß Sie hier sind? Was sagt denn Ihre Freundin zu dieser Einstellung? Was lesen Sie für Bücher?«

Viele solcher Schnüffelfragen wurden mir auch von anderen Offizieren gestellt, die offensichtlich extra vom Ministerium für Staatssicherheit geschickt wurden, um uns auszufragen.

Als Bausoldaten mußten wir natürlich auch an militärischen Objekten arbeiten. Ich habe damals die Offiziere als weltliche Obrigkeit angesehen und wollte ihnen, solange ich nicht gegen den Willen Gottes handeln brauchte, auch Gehorsam leisten. Ich war bestrebt, als Christ vorbildlich zu leben. Darum bemühte ich mich, jede Lüge zu unterlassen, doch das war nicht immer leicht, weil andere Kameraden öfter etwas getan hatten, das gegen die Befehle der Offiziere verstieß.

Auf keinen Fall wollte ich sie verraten, ich konnte aber auch nicht in ihre Lügen einwilligen.

Bei meiner Entscheidung für die Einheit der Bausoldaten spielte auch der Konflikt um den Fahneneid eine große Rolle. Natürlich brauchte man im kommunistischen Deutschland nicht mehr wie zur Zeit der Monarchie mit Nennung des persönlichen Namens zu Gott schwören, weil man dort ja die Existenz Gottes vollständig leugnete.

Der Fahneneid zur Zeit des Kaiserreiches lautete:

»Ich (Vor- und Zuname) schwöre zu Gott dem Allwissenden und Allmächtigen einen leiblichen Eid, daß ich Seiner Majestät, dem König von Preußen . . ., meinem allergnädigsten Landesherrn, in allen und jeden Vorfällen mich in der Ausübung meiner sämtlichen Pflichten jederzeit so betrage, wie es einem ehrlichen und unverzagten Soldaten gebühret. So wahr mir Gott helfe!«

Wäre ich nun zur Nationalen Volksarmee gegangen, so hätte ich folgenden Text sagen müssen:

»Ich schwöre, der Deutschen Demokratischen Republik, meinem Vaterland, allezeit treu zu dienen und sie auf Befehl der Arbeiter- und Bauernregierung gegen jeden Feind zu schützen.

Ich schwöre, an der Seite der Sowjetarmee und der mit uns verbündeten Länder als Soldat der Nationalen Volksarmee jederzeit den Sozialismus gegen alle Feinde zu verteidigen und mein Leben zur Erringung des Sieges einzusetzen.«

Die Schlußformel dieses Schwures schloß sich an das sowjetische Vorbild an, nämlich einer Selbstverfluchung:

»Ich schwöre, die militärischen Kenntnisse gewissenhaft zu erwerben, die militärischen Vorschriften zu erfüllen und immer und überall die Ehre unserer Republik und ihrer Nationalen Volksarmee zu wahren. Sollte ich jemals diesen, meinen feierlichen Fahneneid verletzen, so möge mich die harte Strafe der Gesetze unserer Republik und die Verachtung der Werktätigen des Volkes treffen.«

Solch eine Selbstverfluchung hatte nicht einmal Hitler in seinem Fahneneid gefordert.

Für mich galten die Worte der Bergpredigt, in der Jesus sagte:

»Ihr habt weiter gehört, daß zu den Alten gesagt ist: ›Du sollst keinen falschen Eid tun und sollst Gott deinen Eid halten.‹ Ich aber sage euch, daß ihr überhaupt nicht schwören sollt, weder bei dem Himmel, denn er ist Gottes Thron; noch bei der Erde, denn sie ist seiner Füße Schemel; noch bei Jerusalem, denn sie ist des großen Königs Stadt. Auch sollst du nicht bei deinem Haupt schwören; denn du vermagst nicht ein einziges Haar schwarz oder weiß zu machen. Eure Rede aber sei: Ja, ja; nein, nein. Was aber darüber ist, das ist vom Übel« (Matth. 5, 33-37).

Während alle Waffenträger der Nationalen Volksarmee und der Volkspolizei der ehemaligen DDR einen Eid abzulegen hatten, wurde den Angehörigen der Baueinheit lediglich ein Gelöbnis abverlangt. Mit diesem verpflichtete sich der vom aktiven Wehrdienst freigestellte Bausoldat:

»Ich gelobe, der Deutschen Demokratischen Republik, meinem Vaterland, allzeit treu zu dienen und meine Kraft für die Erhöhung ihrer Verteidigungsbereitschaft einzusetzen.

Ich gelobe, als Angehöriger der Baueinheiten durch gute Arbeitsleistung aktiv dazu beizutragen, daß die Nationale Volksarmee an der Seite der Sowjetarmee und den Armeen der mit uns verbündeten sozialistischen Länder den sozialistischen Staat gegen alle Feinde verteidigen und den Sieg erringen kann.«

Auch durch diesen Text, den ich natürlich erst in der Kaserne der Bausoldaten hörte, kam ich später in Gewissensnöte. Hätte ich nicht doch, wie andere Christen, vollständig den Wehrdienst verweigern und um des Glaubens willen für einige Zeit ins Gefängnis gehen sollen? – Hatte ich nicht durch dieses Gelöbnis meine Bereitschaft erklärt, für den Atheismus mein Leben einzusetzen und dazu beizutragen, die Gottlosigkeit zu verteidigen?

Wie weit ging der unbedingte Gehorsam gegenüber den kommunistischen Vorgesetzten? Sollte ich auch geheime Staatsverbrechen unterstützen?

Solchen Gewissensnöten war ich in dieser Zeit ausgesetzt.

Unsere Einheit wurde zu Bauarbeiten an einem Flugplatz herangezogen. Auch hier leistete ich doch schon indirekt der kriegerischen Auseinandersetzung Vorschub.

Es gab in der DDR keine Möglichkeit für junge Menschen, in karitativen Verbänden, diakonischen Hilfswerken oder in Krankenhäusern einen direkten Zivildienst abzuleisten, den sie ohne Gewissensdruck hätten ausüben können.

Eines Morgens mußte ich mich in der Baracke 1, einer Offiziersunterkunft, melden. Sofort hatte ich das Gefühl: da stimmt etwas nicht, was wollen die von mir?

Der Chefpolitoffizier schickte mich in den Fernsehraum. Meine Bibel hatte ich wie immer in meiner Schenkeltasche. Da ich einige Zeit warten mußte, las ich im Wort Gottes und betete. Nach einer halben Stunde traten zwei Männer in Zivil herein und forderten mich auf, ihnen in ein anderes Zimmer zu folgen. Sofort hatte ich die Vermutung: hier handelt es sich um Offiziere des Staatssicherheitsdienstes. Sie fragten mich: »Wissen Sie, wer wir sind?«

Ich sagte: »Ich weiß es nicht.«

»Wissen Sie, wem der gelbe Wagen da draußen gehört?«

»Nein, ich weiß es nicht.«

Jetzt stellten sie sich als Beauftragte des Ministeriums für Staatssicherheit vor. Sie verhielten sich sehr kumpelhaft und irgendwie freundschaftlich: »Wir möchten mit Ihnen ein Gespräch führen. Wo haben Sie denn Schwierigkeiten hier in der Baukompanie? Beim Einleben? Was gefällt Ihnen bei den Bausoldaten nicht?«

Was sollen diese Fragen, worauf haben sie es bloß abgesehen? fragte ich mich und antwortete vorsichtig: »Es gefällt uns nicht, daß wir an militärischen Objekten arbeiten müssen.«

An den weiteren Fragen spürte ich, daß sie etwas in Erfahrung bringen wollten, das nichts mit meiner Arbeit in der Baueinheit zu tun hatte. Ich dachte angestrengt nach, bis mir plötzlich einfiel, daß im Nachbardorf ein evangelischer Diakon wöchentlich eine Zusammenkunft für Bausoldaten veranstaltete. Von dieser Versammlung hatte ich bisher lediglich gehört. Wollten sie mich etwa über die Gottesdienste ausspionieren?

Die Stasileute erklärten mir: »Wir wissen da von einem, der hält hier Bibelstunden für die Bausoldaten.«

Ich hatte es doch geahnt. Weil ich nun nichts gegen meine Brüder sagen wollte, aber auch nicht lügen konnte, schwieg ich beharrlich. Mit ihrer vertraulichen Art wollten sie den Eindruck erwecken, als wüßten sie alles. Sie wollten mein Schweigen brechen, denn sie beabsichtigten, in allen Details zu erfahren, worüber man sich in diesen Zusammenkünften unterhielt. Sichtlich enttäuscht boten sie mir sogar noch Hilfe an: »Sie können jederzeit zu uns kommen, wenn Sie Konflikte haben. – Wir wollen im Grunde eigentlich nur das gleiche, wir wollen auch das Gute. Wir meinen, daß Jesus auch ein guter Kommunist gewesen ist, der für die Rechte der Unterdrückten eintrat.« Das war für mich die Gelegenheit, ihnen ein Zeugnis von Jesus Christus zu sagen. Ich widersprach ihnen und bewies ihnen mit einem Zitat aus dem Römerbrief genau das Gegenteil: »Es ist nicht das gleiche, denn Sie gehen davon aus, daß der Mensch von sich aus gut ist und deshalb auch aus eigener Kraft das Gute tun kann.«

Dann zitierte ich die Bibelstelle aus dem Römerbrief: »›Denn es ist hier kein Unterschied: sie sind allesamt Sünder und ermangeln des Ruhmes, den sie bei Gott haben sollten, und werden ohne Verdienst gerecht aus seiner Gnade durch die Erlösung, die durch Christus Jesus geschehen ist‹ (Röm. 3, 23.24).

Es geht also nicht darum, daß wir die sozialen Verhältnisse ändern und dadurch der Mensch gut wird, sondern darum zu erkennen, daß der Mensch durch den Heiligen Geist von innen her verändert werden muß. Gutes kann kein Mensch aus eigener Kraft tun. Der Heilige Geist will in uns ein neues Leben schaffen, das heißt ein neues Denken, Fühlen und Wollen beginnen. Jeder muß sich deshalb für Jesus entscheiden.«

Ich wunderte mich darüber, daß diese Stasibeauftragten mir endlich einmal für eine längere Zeit zuhörten. Sonst stellten diese Herren nur dauernd Fragen und ließen einen kaum zu Wort kommen.

Später fragte ich die Offiziere: »Sagen Sie, sind Sie von der Armee, so eine Art Spionageabwehr, oder sind Sie direkt vom Staatssicherheitsdienst?«

Sie antworteten: »Ja, wir kommen direkt vom Ministerium für Staatssicherheit, das unserem Minister Erich Mielke unterstellt ist. Falls Sie Konflikte oder Schwierigkeiten haben, brauchen Sie den Dienstweg nicht einzuhalten. Wenden Sie sich bitte an uns, denn wir können direkt Einfluß nehmen auf den Kommandeur, der sonst für Sie zuständig ist. Aber bitte, schreiben Sie nicht sofort an das Zentralkomitee der Sozialistischen Einheitspartei Deutschlands oder an die Regierung.«

Sie wußten also, daß Bausoldaten recht munter im Schreiben waren, wenn etwas schieflief.

Zusammenfassend kann ich nach allem, was ich gesehen und erlebt habe, nur sagen: »Es ist einfach nicht wahr, daß wir als DDR-Bürger alles mitmachen mußten. Wir mußten nicht zur Wahl gehen, wir mußten in keiner gesellschaftlichen Organisation sein, nicht in der deutsch-sowjetischen Freundschaft, auch nicht in der Gesellschaft für Sport und Technik, nicht in der freien deutschen Jugend.

Wir hätten einfach unsere Menschenfurcht und die Angst vor den Konsequenzen eines christlichen Lebens ablegen, und durch unseren lebendigen Glauben beweisen sollen, daß wir Gott mehr fürchten als Menschen.

Jeder von uns ist irgendwie in das Geflecht des Unrechtsstaates nur deswegen verwickelt worden, weil wir oft den bequemeren Weg der Duldung gesucht haben.

Keiner wird als Held geboren, aber als Christen haben wir uns täglich zu fragen: »Welchen Standpunkt nehme ich ein, habe ich mehr Gottvertrauen als Menschenfurcht? Worin bin ich schuldig geworden?«

Ich möchte für mich sagen, daß mir oft die Bereitschaft gefehlt hat, die Konsequenzen zu ziehen und das Leiden um Jesu Christi willen auf mich zu nehmen, nur, weil mir ein Studienplatz, die Karriere, das Geld und die Familie wichtiger erschienen.

Jeder Christ aber sollte sich immer daran erinnern, daß Christus der Herr ist, der Macht hat auch über die Gewalten, denen wir in diesem Leben unterstellt sind.

Mich klagt heute an, daß ich nicht noch treuer und leidenschaftlicher den Namen des Herrn bezeugte, obwohl ich hier und dort mein Zeugnis anbrachte.

Ich sah mich in der Zeit des Sozialismus als ein Christ, der keinen politischen Widerstand leisten und gleichzeitig das Reich Gottes verkündigen wollte.

Heute würde ich manches anders entscheiden und auch tun.

Frank Ziehlke

Die vereitelte Flucht und Zuchthauserlebnisse

Zitternd lag ich versteckt im Kofferraum des westdeutschen Opel-Commodore, als dieser sich dem DDR-Grenzkontrollpunkt Marienborn näherte. Diese festungsartige Überwachungsanlage mit den bedrohlichen Wachttürmen, aus denen Maschinengewehrläufe herausragten, die raffiniert ausgeklügelten Betonmauern und Stacheldrahtzäune mit allen Beobachtungskameras, die eine totale Kontrolle aller Bereiche gewährleisteten, die unzähligen Späher und versteckten Posten hatte ich vorher nie gesehen. Jetzt hörte ich nur das Gebrumme vieler Motore, das Klappen der Türen, die Fragen der Zöllner:

»Ihren Baß (Paß) bidde zur Gondrolle!« Langsam kam unser Wagen Schritt für Schritt weiter. Es dauerte eine »unendlich« lange Zeit. Ganz verkrampft, mit schlotternden Gliedmaßen, lag ich wie eine lebende Handelsware im Versteck. Draußen hörte ich einen heftigen Wortwechsel zwischen meinem Schwager aus Westdeutschland, in dessen Wagen ich mich befand, und einem DDR-Grenzsoldaten.

»Dann öffnen Sie mal den Gofferraum!« befahl der DDR-Zöllner. Ich zitterte am ganzen Leib, mein Herz wollte mir vor Angst zerspringen – ich zog meine Beine noch enger an mich heran. Ich lag zwar unter einer Decke, verborgen hinter einem größeren Koffer und einer Tasche, aber was geschah jetzt? – Der Schlüssel wurde in das Schloß gesteckt, der Kofferraumdeckel geöffnet. – ein kühler Schwall winterlicher Luft drang herein. Es war Februar 1972. Der Koffer wurde zur Seite geschoben, eine Hand zerrte an meiner Decke, in die ich mich eingewickelt hatte, und – jetzt starrte ich in das Gesicht des uniformierten DDR-Zöllners wie ein Kaninchen, das den tödlichen Biß eines Raubtieres erwartet. – Alles war entdeckt, alles vorbei! Was nun auf mich zukam, konnte nur noch Unheil bedeuten, meine Flucht in die Freiheit war gescheitert, mein ganzes Leben schien wie vernichtet – das Ende war gekommen. Der Kofferraumdeckel wurde wieder zugeworfen.

Die DDR-Zöllner setzten sich in das Auto und fuhren mit mir davon. – Wohin? – Ich wußte es nicht.

In jungen Jahren war ich sehr oft von zwei Gefühlen stark beeinflußt, zum einen von der großen Sehnsucht nach Freiheit, zum anderen aber auch von einer schrecklichen Angst und Furcht.

Als ich im Mai 1946 als ein sogenannter »Nachkömmling« zur Welt kam, war mein ältester Bruder bereits achtzehn Jahre alt. Er befand sich damals in britischer Gefangenschaft in Uelzen. Da mein Vater gefallen war, mußte meine Mutter als alleinstehende Frau die Familie ernähren. Meine Mutter wollte mich adoptieren lassen, weil sie mich ihrer Meinung nach nicht recht versorgen konnte, denn sie hatte ja noch die beiden Jungen. Da ich aber glücklicherweise zum weiblichen Geschlecht gehörte, entschloß sie sich, mich doch zu behalten. Natürlich fühlte ich mich als Kind sehr oft unerwünscht und vernachlässigt, weil man mich nicht mehr erwartet hatte.

Mit vier Jahren kam ich in den Kindergarten. Von der Zeit an begann ich mich kaum merklich von der Familie zu lösen. Ich spielte lieber bei anderen Kindern und verlebte die meiste Zeit des Tages bei den Nachbarn.

Damals hatte ich große Sehnsucht nach einem Vater. Dieses Verlangen hat mein Dasein stark geprägt. Wie mir später meine Mutter erzählte, bin ich oft auf andere Männer zugegangen und habe sie gefragt, ob sie alleinstehend wären, ob sie vielleicht mein »Papa« werden möchten. Dadurch habe ich meine Mutter natürlich in viele peinliche Situationen gebracht. Schließlich lernte sie einen Friseurmeister kennen, der meine Mutter 1953 heiratete. Für mich war es eine ganz besondere Freude, in der Schulklasse sagen zu können: »Ich habe einen Vater!« Dieser neue Vater war sehr gut zu mir, doch im Laufe der Zeit entwickelte sich eine gewisse Antipathie. Hatten meine Eltern den Eindruck, daß ich mich ihnen gegenüber zu vorlaut, respektlos beziehungsweise zu dreist verhielt oder hatte ich mal irgend etwas angestellt, so wiegelte mein Stiefvater meine Mutter auf, mich körperlich zu strafen. Andererseits aber trat er, wenn ich dann weinend davonlief, als der liebende Papa auf, der mich großherzig trösten konnte.

Für Klassenarbeiten mit der Note »sehr gut« schenkte mein

Vater mir eine Mark, für eine »zwei« fünfzig Pfennige, und voller Stolz wurde ich dann im Bekanntenkreis als tüchtiges Mädchen gelobt.

Bekam ich jedoch schlechte Zensuren oder benahm ich mich mal patzig oder unmanierlich, so war ich eben Mutters Kind. Meinen himmlischen Vater kannte ich zu jener Zeit nicht, deshalb blieb die Sehnsucht nach einem echten Vater immer in mir lebendig. Bald wurde ich sehr trotzig und eigensinnig und begann, mich fremden Menschen anzuvertrauen. Leider haben mich meine Freundinnen oft an meine Mutter verraten, wodurch der Ärger und die Strafen oft noch größer wurden.

Mit großem Interesse ging ich später in den Religionsunterricht. Schon sehr bald durfte ich im Kinderchor mitsingen. Ich hatte eine gute Stimme und sang:

»Gott ist die Liebe, läßt mich erlösen;
Gott ist die Liebe, er liebt auch mich!«

Irgendwie war ich von dem Inhalt der Lieder wohltuend berührt, besonders wenn ich singen konnte:

»Du heilst o Liebe, all meinen Jammer,
du stillst, o Liebe, mein tiefstes Weh.«

Vor allem die Geschichten von Jesus und seinem Vater interessierten mich sehr. Es war für mich beeindruckend, daß Gott alles sieht und auch alles weiß.

Von meiner Mutter jedoch wurde Gott mir als die beaufsichtigende und strafende Macht eingeschärft. Deshalb bereiteten mir die Gedanken an den Himmel mehr Angst als Freude.

Eines Tages fragte ich sie: »Sieht Gott auch, wenn ich heimlich an den Schrank gehe?« – »Ja«, sagte sie, »Gott sieht alles!«

Zog ein schweres Gewitter am schwülen Sommertag herauf, benutzte meine Mutter diese Situation dazu, um aus mir irgendwelche Geheimnisse herauszulocken. Stets sagte sie dann: »Siehst du, was hast du wieder angestellt, du hörst doch, der liebe Gott schimpft – es donnert, und wenn es donnert, dann schimpft der liebe Gott!«

Daraufhin habe ich ihr manche Unart gestanden und gebeichtet, wo ich nicht ganz ehrlich gewesen war. Statt Geborgenheit bekam ich Angst vor dem Vater, der ja eigentlich der Vater der Liebe ist.

Nirgends fand ich echten Frieden. Bald kam die Zeit, wo die politischen Einflüsse des damaligen Regimes begannen. Meine Eltern wollten nicht, daß ich ein »Junger Pionier« wurde. Die jungen Pioniere waren die erste politische Organisation, in der die Kinder zum Atheismus erzogen wurden. Da meine Mutter irgendwie religiös sein wollte und ab und zu mal in die Kirche ging, sagte sie zu mir: »In diesen Verein gehst du nicht rein.«

Mißmut und Verlassenheit sowie der Wunsch nach echten Freunden weckten in mir die Neugier und das Verlangen, die Organisation der »jungen Pioniere« kennenzulernen.

Als ich im fünften Schuljahr war, bearbeitete ich meine Eltern mit allen Raffinessen, bis sie schließlich nachgaben und einwilligten.

Endlich durfte ich nun doch Pionier werden. Ich bekam meine lang ersehnte Kluft: die Pionierbluse und das Pioniertuch. Mein größtes Ziel aber war es, das »rote Pioniertuch« zu bekommen, das uns quasi von den sowjetischen Freunden verliehen wurde.

So kam es, daß ich einmal in der Woche zum Pioniernachmittag und einmal zum Religionsunterricht ging. Ich konnte damals nicht begreifen, daß dies eigentlich zwei Welten waren. Ich habe Abwechslung gesucht und erhielt auch Anerkennung. Bald wurden mir dann kleine Aufgaben übertragen. Eines Tages nahm mich ein Leiter mit zu einem Ausscheidungswettbewerb für Rezitation. Natürlich war dies eine politische Veranstaltung. Ich durfte ein Gedicht aufsagen, das einen kommunistischen Inhalt hatte. Zum erstenmal stand ich im Rampenlicht der Öffentlichkeit und bekam für diesen kleinen Vortrag sogar auch einen Preis. Voller Stolz verließ ich an diesem Abend die Veranstaltung.

Meine kleinen Talente und Begabungen nutzte ich stets mehr für die Politik als für das Reich Gottes. Schließlich stand ich vor der sehr schwierigen Entscheidung, Konfirmation oder Jugendweihe. Nahm ich an dieser kommunistischen Feier teil, was in der DDR auch berufliche Vorteile brachte, wurde ich nicht konfirmiert. Ließ ich mich aber konfirmieren, hätte ich nicht studieren dürfen.

Darum besuchte ich zunächst, wie alle anderen, den kommunistischen Unterricht. In diesen Kursen wurde man sozialistisch geschult und auf die Jugendweihe vorbereitet, an der ich daraufhin auch teilnahm.

Aber ich wollte darüber hinaus auch den Segen Gottes empfangen. Dafür mußte ich nun ein Jahr länger zum Konfirmandenunterricht gehen, was ja auch sehr gut war. Der Religionsunterricht in diesem zusätzlichen Jahr war für die Kirche der Beweis, daß man es mit der Konfirmation ernst nahm. Diese geistlichen Schulstunden wurden für mich die schönsten Abende in der Woche. Wir hatten einen jungen Vikar, der den biblischen Lernstoff sehr interessant gestaltete.

Die nächste Entscheidung, die ich zu treffen hatte, war, ob ich nun wirklich zum Gymnasium gehen sollte oder nicht. Mein Vater vertrat die Auffassung, daß ein Studium für ein Mädchen vertane Zeit sei, denn Mädchen heiraten bekanntlich früher oder später. Deshalb sah er es für mich als wichtiger an, einen Beruf zu erlernen. Mein geheimer Wunsch, ein Musikstudium zu absolvieren, konnte ich aber nur verwirklichen, wenn ich das Gymnasium abgeschlossen hatte.

Meine Mutter meinte: »Du kannst ja einen Antrag stellen, um zu erfahren, ob man dich überhaupt im Gymnasium aufnimmt.«

Zu meinem großen Unwillen wurden alle Anträge meiner anderen Klassenkameraden angenommen, nur meiner nicht. Später erfuhr ich, daß der Antrag deshalb abgelehnt worden war, weil ich an der Konfirmation teilgenommen hatte und meine Mutter als Mitglied der evangelischen Kirche geführt wurde. Hinzu kam, daß mein Vater als selbständiger Friseur nicht der sogenannten Arbeiter- und Bauernklasse angehörte. Aus diesem Grunde war ich politisch nicht förderungswürdig.

Mit siebzehn Jahren begann ich eine Lehre zum Großhandelskaufmann in einem volkseigenen Erfassungs- und Aufkaufbetrieb für landwirtschaftliche Erzeugnisse. Als Stadtkind fühlte ich mich in einer LPG (landwirtschaftliche Produktionsgenossenschaft) zwischen Rindern und Schweinen ziemlich deplaziert. Mein Bruder war stark kommunistisch geprägt und hatte daher zu den Verantwortlichen gute Beziehungen. Meine kirchlichen Aktivitäten beschränkten sich jetzt nur noch auf einen jährlichen Gottesdienstbesuch zu Weihnachten. Für einen Namenschristen gehörte das zum guten Ton.

In der Zwischenzeit trat ich in die FDJ ein. Als ich achtzehn Jahre alt wurde, wollte man mich im Betrieb als Kandidatin in die

SED aufnehmen. Gott sei Dank, dies konnte ich abwenden. Ich sagte dem Parteisekretär, ich sei doch noch zu jung, um solch eine wichtige Entscheidung zu treffen.

Ich wußte, wer einmal »ja« zur Partei gesagt hatte, konnte nur unter schwierigsten Umständen wieder aus der Partei austreten. Als ich meine Lehre mit Erfolg beendet hatte, versuchte der Hauptbuchhalter, mich wiederum für die Partei zu werben.

Damals lernte ich meinen späteren Mann kennen, wir hatten uns verlobt und wollten heiraten. Karl kannte einen ehemaligen Lehrer von der Parteischule in Magdeburg. Ich führte meinen Freund bei meinen Eltern vor. Er wußte, was sich gehörte. Er brachte meiner Mutter Blumen mit, rauchte und trank nicht und machte deshalb auf sie einen guten Eindruck. Außerdem hatte er als Installateur einen guten Beruf, war 25 Jahre alt und wohnte in Wernigerode. Für mich bedeutete es, endlich aus Salzwedel fortzukommen, um mich der Bevormundung durch die Eltern, aber auch der politischen Kräfte entziehen zu können. Darüber hinaus hatte ich das wunderbare Gefühl, von einem Menschen geliebt zu werden. Dieses Empfinden fiel bei meinen Minderwertigkeitskomplexen sehr ins Gewicht, denn ich fand mich nicht hübsch und war sehr froh darüber, daß mich ein Mann heiraten wollte. Jetzt konnte ich im Betrieb sagen, daß ich eventuell später, nach meiner Heirat, dann in Wernigerode über eine Parteimitgliedschaft entscheiden könne.

So heirateten wir im Sommer 1966 in Salzwedel, und zwar nur standesamtlich, weil mein Mann Parteigenosse war und somit eine kirchliche Trauung nicht in Frage kam. Meine Mutter hätte mich gern als Braut im weißen Kleid gesehen und war deshalb ziemlich enttäuscht. Einmal sagte sie sehr unglücklich: »Für andere habe ich Brautkleider geschneidert, und für die eigene Tochter darf ich es nicht.«

Wir zogen nach Wernigerode, wo mein Mann in einem Betrieb seine Meisterprüfung ablegen wollte. Weil damals in der DDR eine große Wohnungsnot herrschte, wohnten wir bei meinen Schwiegereltern.

Bald merkte ich, daß mein Mann ein unverbesserliches »Muttersöhnchen« war, der über das eheliche Zusammenleben eigenartige Ansichten hatte. Mehr und mehr beschlich mich eine große Enttäuschung. Die Geborgenheit, die ich mir so sehr erwünscht und bei ihm gesucht hatte, erfüllte sich nicht. Das Glück, Mutter zu werden, wollte sich nicht einstellen. Ich fühlte mich erneut gefangen und unverstanden.

Halbtags arbeitete ich in der Kreissparkasse in Wernigerode und nahm nebenbei Gesangs- und Akkordeonunterricht. Die Proben und Auftritte mit dem Sing- und Jodlerchor Wernigerode halfen mir ein wenig über den Kummer hinweg. Obwohl ich in der Kulturgruppe sehr gefordert war, fehlte mir dennoch der innere Frieden und die Erfüllung in einem echten Lebenssinn.

Außerdem vermißte ich die so sehr geliebte Freiheit. Aus Rücksicht auf seine Eltern wollte mein Mann keine Kinder. Er glaubte auch, wir hätten dann finanzielle Einbußen, da wir nicht mehr so häufig mit der Jodlergruppe auftreten könnten. Für ihn war der Erfolg und das Ansehen wichtiger, denn seine Stimme war sehr klein und konnte nur im Duett zur Geltung kommen.

Eines Tages war ich schwanger und sagte es meinem Mann. Jetzt begann der erste größere Streit, denn mein Mann verlangte, daß ich das Kind abtreiben lassen sollte; aber ich war strikt dagegen. Ich sehnte mich danach, Mutter zu sein und sah darin meine Erfüllung, aber unerbittlich bestand mein Mann auf einen Schwangerschaftsabbruch. Doch ich weigerte mich standhaft. Erzürnt und enttäuscht sagte ich zu ihm: »Wenn du auf einer Abtreibung bestehst, so müssen sich unsere Wege trennen. Ich werde das Kind zur Welt bringen, und glaube mir, ich kann es auch ohne dich aufziehen. Wie du darüber denkst, ist mir völlig gleich.«

Durch das bittere Erleben meiner Kindheit wußte ich ja, was es bedeutete, als Kind nicht angenommen zu sein. Darüber hinaus spürte ich auch, daß es Sünde war, ein ungeborenes Kind zu vernichten, denn soviel Gottesfurcht lebte damals noch in mir. Aber es kam alles anders.

Als ich im dritten Monat zu einer Schwangerschaftsvorsorgeuntersuchung gehen wollte, hatte ich eine Fehlgeburt. Die seelischen Belastungen und die ständigen Streitereien wirkten sich wohl so stark auf meine Psyche aus, daß es zu dieser Fehlgeburt kam. Ich war entsetzlich traurig und sehr enttäuscht darüber. Schon vor der Schwangerschaft sagte meine Mutter einmal zu mir, ich sähe absolut nicht wie eine junge glückliche Frau aus. Sie ahnte etwas von meiner zutiefst zerrissenen Seele.

Wenige Wochen nach der Fehlgeburt kam die Schwester meines

Mannes mit ihrem Mann aus Westdeutschland zu Besuch. Mein Schwager war mit seiner Frau 1961, also im Jahr des Mauerbaus, über den »Brocken«, den höchsten Berg der östlichen Seite des Harzes, in den Westen geflüchtet und durfte nun nach zehn Jahren zum erstenmal wieder in die DDR einreisen. Jetzt bekam ich erneut eine unbändige Sehnsucht nach Freiheit. Ich wollte die DDR verlassen und im Westen ein neues Leben beginnen. Das Verlangen, ein verpfuschtes Leben neu zu beginnen, liegt ja in jedem Menschen verborgen. Immer wieder erklären Menschen: »Ach, wenn ich doch mein Leben noch einmal von neuem beginnen könnte – dann würde ich alles anders machen. Tatsache aber bleibt, wer sein Leben von neuem beginnen will und wiederum nicht unter der Führung des Herrn Jesus Christus steht, trifft weiterhin falsche Entscheidungen und gerät in Sünde. Er wird bestimmt bald wieder klagen: »Ach wenn ich doch ...« Von einem wirklich neuen Leben mit Christus hatte ich bis dahin kaum etwas gehört.

Mit meinem Schwager Günter sprach ich über eine eventuelle Flucht in den Westen. Er verlangte von mir: »Bring aber erst deine Angelegenheiten hier in Ordnung.« – Er meinte, daß ich mich scheiden lassen sollte. Im Januar schrieb ich ihm, daß ich nach Salzwedel zu meiner Mutter ginge und von dort aus meine Scheidung einreichen wolle. Ich bat ihn, die Flucht vorzubereiten. Vorher trafen wir uns noch einmal in Magdeburg im Interhotel, um alles richtig zu planen. Danach fuhr ich wieder zurück nach Salzwedel, während er nach Salzgitter zu seiner Frau zurückfuhr. Mein Entschluß stand fest, ich werde fliehen!

Immer wieder mußte ich denken: »Frei sein! Und alles noch einmal von vorne beginnen!«

Wir schrieben uns, telefonierten miteinander, wobei mir damals überhaupt nicht in den Sinn kam, daß alle Ferngespräche vom Stasi abgehört oder mitgeschnitten werden könnten. Mein Schwager stellte noch dummerweise verdächtige Fragen: »Welche Augenfarbe hast du? Welche Haarfarbe steht in deinem Paß?« Um noch einmal alles richtig zu besprechen, trafen wir uns ein zweites Mal, und zwar jetzt in Ostberlin. Ich mietete ein Zimmer in einem Hotel, denn mein Schwager erhielt damals für Ostberlin nur ein Tagesvisum und mußte abends wieder nach Westberlin zurück. Vor dem Hotel standen oft Polizeiautos. Ich hatte große Angst und spürte etwas von der totalen Überwachung in diesem Spitzelstaat. So wartete ich auf der gegenüberliegenden Straßenseite des Hotels, bis die Polizeiautos fort waren. Mein Schwager wurde mißtrauisch und erklärte mir: »Ich habe den Verdacht, daß dein Mann sich mit dem Stasi in Verbindung gesetzt hat. Die Flucht wird wohl kaum gelingen, wenn du jetzt noch einmal nach Hause zurückkehrst. Wir müssen die überrumpeln und schnell handeln, sonst wird es nichts«, meinte er. Um überhaupt einmal einen Eindruck von einem DDR-Kontrollpunkt, der sogenannten Staatsgrenze, zu bekommen, fuhr er noch mit mir zum Übergang Heinestraße in Berlin. Ich war entsetzt, wie streng die Kontrollen durch die DDR-Grenztruppen und den Ostberliner Zoll waren. Die Uniformierten durchstöberten alles. Alle Personen mußten aus den Autos aussteigen, der Kofferraum wurde sehr gründlich durchsucht, die Motorhaube und die Gepäckstücke ließ man öffnen, ja, sogar in den Tankeinlaßstutzen führten sie einen langen Draht hinein und stocherten in dem Benzintank herum, als ob sich hier etwas Verdächtiges fände. Bei solch einer strengen Kontrolle schien unser Unternehmen absolut aussichtlos zu sein.

»Nein«, sagte ich zu meinem Schwager erschrocken, »hier in Berlin bei diesen strengen Kontrollen schaffen wir das nie, hier gehe ich nicht rüber. Sieh doch mal, wie die alles untersuchen – nein, das tue ich auf keinen Fall.«

Mein Schwager beruhigte mich, bei den Übergängen zur BRD seien die Kontrollen bei weitem nicht so schlimm. Er habe sich bei der Einreise alles genau angesehen.

Am nächsten Tag besuchten wir einen Mann in Ostberlin, der mich mit einem ostdeutschen Wagen bis zur Raststätte nach Michendorf bringen sollte. Es war die nächstliegende Raststätte auf der Transitstrecke von Berlin nach Magdeburg. Dort wollte mich mein Schwager abholen. Das hieß für mich, dort in das Fluchtauto umzusteigen. Der fremde Mann schien diese Zubringertransporte schon öfter gemacht zu haben. Dort angelangt, gab er mir noch eine Telefonnummer und meinte: »Falls es nicht klappt und Sie sich mit Ihrem Bekannten nicht treffen können, rufen Sie mich an, dann hole ich Sie hier wieder ab.«

Nun stand ich schon zwei Stunden an der Raststätte Michendorf und wartete auf meinen Schwager. Ich bildete mir ein, viele Blicke seien auf mich gerichtet. Endlich kam er, mein Schwager. Ich fragte ihn: »Was machen wir nur, wenn sie uns schnappen?«

»Na, dann gehen wir eben in den Knast.«

»Ja, aber wenn du entlassen wirst, wird man dich in den Westen zurückschicken, und ich bin dann immer noch in der DDR.«

»Na, wir wollen mal erst abwarten, wie alles kommt, noch haben sie uns ja nicht.«

Dann stieg ich in das Fluchtauto ein, und weiter ging die Fahrt bis zur Raststätte »Magdeburger Börde«. Dann kletterte ich in den Kofferraum, mein Schwager hüllte mich in eine Decke und versteckte mich hinter einem Koffer und einer Tasche. Nachdem der Kofferraum zugeschlagen war und der Wagen losbrauste, verliefen für mich die letzten Minuten ohne Gefängnismauern.

Nachdem die Grenzer den Kofferraumdeckel geöffnet und später einfach wieder zugeknallt hatten, lag ich wie scheintot erstarrt in meinem Versteck, wie ich es ja schon am Anfang meines Berichtes schilderte. Der Traum von der herrlichen Freiheit war vorbei.

Plötzlich fiel mir ein: Du mußt die Telefonnummer des Mannes vernichten, der dich bis zur Raststätte Michendorf gebracht hatte. Ich riß den Zettel aus dem Notizbuch, steckte ihn in den Mund und zerkaute alles, damit er unleserlich wurde.

Als man mich nach geraumer Zeit aus meinem Versteck herausholte, fragte mich ein Stasi-Mann: »Wissen Sie, wo Sie sich befinden?«

Ich sagte kurz: »Nein.«

»Na, im Westen sind Sie nicht«, herrschte er mich an.

Ich antwortete betroffen und kleinlaut: »Das habe ich auch schon gemerkt.«

Dann wurde ich abgeführt und stundenlang verhört. Später holten sie meinen Schwager. Man gab uns den Befehl: »Stellen Sie sich vor das Fluchtauto!« Nun wurden wir zusammen fotografiert. Dann mußte ich wieder in den Kofferraum hineinklettern und wurde nochmals von allen Seiten fotografiert. Anschließend brachte man mich mit der »grünen Minna« nach Magdeburg ins Untersuchungsgefängnis. Dort wurde ich von einer Polizistin aufgefordert, mich zur Leibesvisitation vollständig zu entkleiden. Alle Wäschestücke wurden ausgeschüttelt.

Nachdem man mich in eine Einzelzelle gesperrt hatte, bekam ich plötzlich ein schlechtes Gewissen. Ich glaubte, ich wäre die einzige Frau, die jemals solch einen Fluchtversuch überhaupt gewagt hatte.

Ich begriff noch nicht, daß hier eine Taktik angewandt wurde, um mich zum Sprechen zu bringen. Am Tag durfte ich mich nie hinlegen. Ich mußte stets auf einem Hocker sitzen und warten und nochmals warten. Immer wieder wurde ich zur Vernehmung geholt – stundenlang mußte ich ein Kreuzverhör nach dem anderen über mich ergehen lassen. Zu einer sogenannten Freistunde wurde ich für kurze Zeit auf einen kleinen Hof gebracht – aber stets allein.

Wie ich diese Tage überstanden habe, ist mir heute noch unverständlich. Wer so etwas noch nicht erlebt hat, kann überhaupt nicht ermessen, was Isolierhaft bedeutet. Alle Strafgefangenen, vor allem die »Politischen«, erfuhren bereits in der Untersuchungshaft die »besondere Betreuung« durch die Wächter, Aufseher, Vernehmer und deren Gehilfen. Zunächst wurden sie von ihrer Umwelt total isoliert. Ihre Anwälte – wenn sie überhaupt in der Lage waren, welche zu bestellen – erhielten erst nach Abschluß des Ermittlungsverfahrens Zutritt zu ihnen. Obwohl jeder der Beschuldigten darauf brannte, etwas über seine Anklage zu erfahren, ließ man ihn zunächst einige Wochen in seiner Zelle schmoren, um seinen Widerstandswillen zu brechen. Die Durchführung der Verhörmethoden verlief nach der Devise: »Zuckerbrot und Peitsche!« Es lag im Interesse des Staates, eine rasche Zermürbung der Widerstandskräfte des Häftlings herbeizuführen. Zum Zuckerbrot gehörte, daß mildernde Umstände versprochen und Hafterleichterungen in Aussicht gestellt wurden. Durch solch einen Hoffnungsschimmer wurden viele bereits »weich«. Aber auch die Härtesten konnten auf Dauer selten standhalten, wie es sich in vielen Prozessen erwies, in denen die Angeklagten ihre Schuld schließlich »eingestanden«, ohne daß sie überhaupt wußten, worin sie bestand. Diese totale Isolierung ging auch mir so auf die Nerven, daß ich eines Tages fragte, ob ich nicht Tüten kleben könnte. Darauf antwortete man mir: »Sie sollen hier nicht arbeiten sondern über Ihre Sünden nachdenken.« Ich antwortete prompt: »Ich bin mir keiner Sünde bewußt, ich wollte eigentlich nur einmal mit meinem Schwager nach Westdeutschland reisen.«

Darauf fragte man mich, ob ich bedaure, was ich getan habe. Ich entgegnete ihnen: »Ich bereue nur, daß meine Flucht nicht gelungen ist, ansonsten habe ich wohl kein Verbrechen begangen, denn jeder Bürger eines Staates kann doch unter normalen Umständen zu jeder Zeit reisen, wohin er will.«

Hier also, im Untersuchungsgefängnis zu Magdeburg, kam ich zum ersten Mal seit meinem Konfirmationsunterricht wieder mit dem Wort Sünde in Berührung.

Was war eigentlich Sünde? Damals wußte ich noch nicht, daß Sünde dem Urtext nach »Bewegung in die falsche Richtung« oder auch »Verfehlung des richtigen Zieles« heißt, sonst hätte ich dem Stasi-Offizier die Frage stellen können, welches dann das richtige Ziel sei: Unfreiheit oder Freiheit?

Ich wußte noch nicht, daß das Wort Sünde »Auflehnung« bedeutet oder auch »Irren« oder »Abirren«. Eine Verfehlung gegenüber dem von Gott gesteckten Ziel, eine Auflehnung gegen seine Gebote war mir nicht bewußt. Im biblischen Sinne rebelliert das sündige »Ich« des Menschen und möchte sich vor Gott die vermeintlich vorenthaltene Freiheit erzwingen.

Hier aber hatte ich es mit barbarischen Sündern in Uniform zu tun, die dem brutalen System des Atheismus dienten und dabei vor nichts zurückschreckten, auch nicht vor dem Mord an der Grenze zwischen beiden Teilen Deutschlands. Deshalb wollte und konnte ich auch nichts bereuen.

Mein Schwager und ich wurden dann in Magdeburg vor das Bezirksgericht gestellt und zu zweieinhalb Jahren bzw. zwei Jahren Haft verurteilt.

Die Begründungen, die ich mir bei der Urteilsverkündigung anhören mußte, waren an Zynismus nicht mehr zu überbieten:

»Die unnachsichtige Bestrafung von Verbrechen gegen die Souveränität der Deutschen Demokratischen Republik, den Frieden, die Menschlichkeit und die Menschenrechte ist die unabdingbare Voraussetzung für eine stabile Friedensordung in der Welt und für die Wiederherstellung des Glaubens an grundlegende Menschenrechte, an Würde und Wert der menschlichen Person, und für die Wahrung jedes einzelnen.«

Mir wurde ganz übel, als ich zu hören bekam: »Jedermann kann sich davon überzeugen, daß die Strafgesetze der DDR vom Geist der Gerechtigkeit, von wahrer Humanität dem Schutz und der

Wahrung der Würde und Freiheit des Menschen und dem Grundsatz der Gleichheit aller vor dem Gesetz durchdrungen sind.«

Dies war nicht nur beißende Verspottung gegenüber einer geknechteten Gesellschaft, sondern teuflischer Sarkasmus, der an Boshaftigkeit und Doppelzüngigkeit nicht mehr übertroffen werden konnte.

Man bezichtigte mich, ich hätte dem Staat meine Arbeitskraft entziehen wollen und die Schul- und Lehrausbildung im sozialistischen Staat umsonst erhalten. Zum anderen lautete die Anklage: »Versuch des unerlaubten Grenzübertritts – Republikflucht.«

Ich fragte einen meiner Vernehmer: »Hatte ich denn eine andere Wahl? Ich mußte doch in der DDR zur Schule gehen.«

Für das Gericht war es unbegreiflich, daß ich einerseits vom Betrieb eine gute Beurteilung erhalten hatte und andererseits fliehen wollte.

Nach meiner Verurteilung wurde ich dann im Sommer 1972 mit der Bahn in die schlimmste Frauenhaftanstalt der DDR nach Hoheneck im Vogtland gebracht. In Chemnitz, damals Karl-Marx-Stadt, mußten wir den Zug verlassen und zu zweit, mit einer Handschelle zusammengekettet, über die Bahngleise stolpern. Wir wurden begleitet von bewaffnetem Aufsichtspersonal und abgerichteten Schäferhunden.

Als wir aus dem Interzonenzug ausstiegen, gafften viele Fahrgäste aus dem Fenster. Ich fühlte mich in diesem Augenblick tatsächlich wie eine Verbrecherin. Es war so beschämend und herabsetzend. Ich hatte den Eindruck: Du hast dich wirklich schuldig gemacht und bist für die menschliche Gesellschaft unwürdig, deshalb mußt du nun auch deine Strafe verbüßen.

In Chemnitz ging es auf Lastwagen in die Haftanstalt.

Hier wurden uns alle privaten Sachen, die wir noch bei uns hatten, abgenommen. Wir erhielten unsere Sträflingskleidung, die aus abgelegten Militärröcken und Jacken der Nationalen Volksarmee sowie blauer Blusen, die sonst von Schlossern getragen wurden, bestand.

Zunächst mußte ich mit mindestens 30 Frauen in einer Vorbereitungszelle hausen. Es herrschten chaotische Zustände. Da wurde man auf engstem Raum mit den unterschiedlichsten Menschentypen zusammengepfercht, z. B. mit Prostituierten, Dieben,

Wirtschaftsverbrechern und erfahrenen »Knastologen«, die uns besondere Tips gaben, wie man sich verhalten soll.

Da ich nur zu zwei Jahren Zuchthaus verurteilt wurde, hatte ich später den Vorteil, nicht mit diesen Kriminellen meine Haftzeit verbringen zu müssen, sondern mit den politischen Häftlingen. Ich war froh darüber, denn ich konnte mir ja ausmalen, wie es unter den Kriminellen zuging.

Ich wurde dann mit achtzehn Frauen in eine Zelle gesperrt, die ca. acht mal sechs Meter groß war und in der wir dreistöckige Feldbetten vorfanden. In einer weiteren Zelle nebenan waren 12 Frauen untergebracht, so daß wir uns untereinander austauschen konnten. Das Essen wurde in großen Kolonnen verabreicht. Jede Schicht aß gemeinsam. In einem Durchgang hatte man rechts und links jeweils einen Trog mit drei Waschhähnen zum Waschen angebracht. Natürlich gab es nur kaltes Wasser. Wurde eine Schicht aufgerufen, sich nach der Arbeit zu waschen, entfesselte sich bei dieser Ansammlung von 30 Menschen auf einmal an nur drei Waschbecken immer ein fürchterliches Gedränge. Wir standen uns in dieser Raumenge gegenseitig förmlich auf den Füßen. Nirgendwo gab es Duschen, geschweige denn die Möglichkeit zu baden.

Zunächst schien mir die Gruppenzelle vorteilhafter zu sein, weil ich der Tortur der Isolierfolter enthoben war. Aber bald sehnte ich mich doch zurück in eine Einzelzelle. Man stelle sich einmal vor, mit achtzehn Frauen in einem so engen Raum zu hausen. Außerhalb der Ruhezeit durfte man sich nicht aufs Bett legen, sitzen konnte man ausschließlich nur auf einem Hocker. Noch heute leide ich deshalb oft unter Kreuzschmerzen.

Nahrungsmittel durften wir nur in das eine Regal stellen, das dafür vorgesehen war. Weil aber darunter ein Heizungrohr verlief, verdarb alles sehr schnell.

Nur einmal in drei Monaten gestattete man uns, den Besuch eines Angehörigen zu empfangen. Meine Mutter kam die dreihundert Kilometer von Salzwedel gefahren und brachte mir Butter, Baumkuchen und Schokolade mit. Da sich an der obersten Liegefläche des dreistöckigen Bettes eine kleine Außenluke befand, stellte ich meine Lebensmittel hinter das Gitter auf die Fensterbank. Als dies von »einer Schwalbe«, so nannten wir die unbarmherzigen Gefängniswärterinnen, entdeckt wurde, erhielt ich eine strenge Verwarnung. Falls dies noch einmal vorkomme, dürfe ich keine Besucher mehr empfangen.

Die Insassen dieser Frauenhaftanstalt arbeiteten in drei Schichten. Die Wochenarbeitszeit im »Bau« betrug 48 Stunden. Wer die ihm zugewiesene Arbeit verweigerte, erhielt bis zu 21 Tage strengen Arrest. Die Häftlinge mit langen Strafen mußten Spulen für ein Elektrowerk wickeln. Die anderen arbeiteten in einer Strumpffabrik in der ersten Etage bzw. in der Näherei, in der man Bettwäsche anfertigte. Ich wurde in der letzteren Abteilung eingesetzt. Es gab, wie gesagt, die Früh-, die Spät- und die Nachtschicht.

Hatte man das Soll hundertprozentig erfüllt, bekam man für 30 Mark Wertmarken und 100 Zigaretten.

»Die Strafgefangenen sollten durch kollektive, gesellschaftlich nützliche Arbeit, staatsbürgerliche Erziehung und Bildung dazu gefügig gemacht werden, künftig die sozialistische Gesetzgebung gewissenhaft zu achten und ihr Leben gesellschaftlich und verantwortungsbewußt zu gestalten«, verkündigte man uns.

Diese entwürdigenden Zustände drückten sehr auf mein Gemüt. Oft hörte ich die entsetzlichen Schreie aus dem Wasserbunker, wo Frauen wegen Arbeitsverweigerung stundenlang bis zum Bauch im Wasser stehen mußten und entsetzlich geschlagen wurden. Solche Vorkommnisse konnten als Meuterei ausgelegt und mit einer Haftverlängerung bis zu drei Jahren geahndet werden. Wenn »Schlägerbilly« – ein brutaler, wüster Wachmann, mit seinem »Zwilling«, einem Polizeistock, der zur doppelten Länge ausgezogen wurde, zuschlug, dann waren die Schreie noch entsetzlicher.

Als aus unserer Gruppe einige Mitgefangene streiken wollten, sagte ich zu ihnen: »Es ist doch alles völlig zwecklos. Die haben doch den längeren Arm.

Hört ihr denn nicht diese entsetzlichen Schreie aus den Folterzellen und das Gekreische aus dem Wasserbunker? Ich bin bestimmt nicht feige, aber das ist doch heller Wahnsinn, was ihr da unternehmen wollt. Glaubt ihr etwa, ich begehe Selbstmord? Nein, das mache ich auf keinen Fall mit!«

Noch heute, nach vielen Jahren, wache ich häufig wegen schrecklicher Alpträume selbst schreiend und schweißgebadet auf.

Oft lag ich innerlich völlig entnervt auf meinem Bett und dachte:

Am liebsten möchte ich heute Nacht einschlafen und nie wieder aufwachen. Ich war oft so lebensmüde und depressiv, daß ich nicht weiterleben wollte. In solch einer Stimmung begann ich seit meiner Konfirmation zum erstenmal wieder zu beten, nicht gezielt, sondern so allgemein. Ich betete oft: »Lieber Gott, wenn es dich gibt und du willst, daß ich hier bleiben muß, dann laß mich doch einfach sterben, ich habe keine Lust mehr, weiterzuleben. Oder bring mich in ein Land der Freude, der Freiheit und des Glückes.« Das war der Schrei der Seele zu dem lebendigen Gott. Mein kleines Dasein war durch eigene Schuld gründlich erschüttert worden. Jetzt war ich eine Strafgefangene in einem der schlimmsten Zuchthäuser der DDR. Alles schien so trostlos und sinnlos. Ich hatte nur noch ein Verlangen: fort, fort aus diesem verpfuschten Leben.

Nach der Verbüßung der Strafe hätte ich nicht mehr zu meiner Mutter nach Salzwedel, aber auch nicht nach Wernigerode zurückkehren können, denn beide Städte lagen im Grenzgebiet der DDR, und dorthin durfte ich laut Gerichtsbeschluß nicht wieder zurückkommen. Ich war also völlig heimatlos, und deshalb verstärkte sich mein Verlangen nach der himmlischen Heimat, von der ich nur vage Vorstellungen hatte. Ich betete eigentlich meiner Meinung nach völlig ins Leere – ich verspürte keine Resonanz und vernahm keine Echostimme. So verlangend ich auch schrie: »Herr, laß mich einfach einschlafen und nicht wieder aufwachen«, so enttäuscht war ich am Morgen, wenn es durch die Gänge hallte: »Alle Strafgefangenen aufstehen! Fertigmachen!«

Draußen hörte man die blechernen Stimmen der »Schwalben«, so nannten wir die herzlosen Kommunistenweiber.

»Links – links – links, zwei, drei, vier, – links – links – links!« dröhnte es durch das gesamte Zuchthaus. Die ersten Gruppen marschierten zum Appell oder hatten ihre Freistunde. Oft mußten wir zum Strafexerzieren vor den Offizieren der Wachmannschaft antreten. Wir wurden wie beim Militär geschliffen mit Kniebeugen, Liegestützen und Schlägen.

Es lag in meinem Naturell, jeder Lebenssituation das Beste abzugewinnen. Immer wieder flammte ein neuer Lebenswille in mir auf. Ich wollte mich innerlich einfach nicht unterkriegen lassen. Deshalb versuchte ich auch, mich auf die Erfüllung meines

Arbeitssolls zu konzentrieren, und so meine Gedanken abzulenken von den widerlichen Umständen, unter denen ich zu leben hatte.

Eines Tages wurde ich ganz plötzlich aus der Strafanstalt Hoheneck nach Chemnitz in ein STASI-Sonderlager verlegt. – In diesem Sonderlager wurden die Häftlinge durch gute Verpflegung und Behandlung wieder »hochgepäppelt«. Wozu? Das Gerücht verbreitete sich, daß alle hier Herausgebrachten für einen Transport in die Bundesrepublik vorbereitet würden. Ein Jubelsturm entfachte sich in meiner Brust. Was war geschehen? Hatte Gott mein Gebet um Freiheit doch erhört? Sollte ich wirklich aus der verruchten DDR in die Freiheit gelangen? Es war Juli 1974. Wir bekamen ein Formular mit der Aufschrift:

»Antrag auf Ausweisung aus der DDR«

Welch eine hoffnungsvolle Fügung, ich konnte es vor Freude gar nicht fassen. Durch intensive Gespräche mit Stasiangestellten wurden wir auf unser neues Ziel vorbereitet. Es wurde uns gesagt, daß wir nach Übertritt in die BRD wenigstens zwei Jahre lang nicht in die DDR zurückkommen dürften.

Eines Tages fuhren Busse vor, die uns in Richtung Grenze nach Westdeutschland brachten. Dort wartete der sogenannte »Star-Rechtsanwalt« Vogel, er gab uns noch einige Verhaltensmaßregeln mit auf den Weg. Dann wurden wir in einen Hohlweg gefahren, wo Busse aus Westdeutschland schon bereitstanden, um ihre ostdeutsche Fracht an Menschen und Gepäck aufzunehmen. Jetzt wurde alles umgeladen. Wir mußten in die vornehmen Westbusse einsteigen und fuhren endlich in die so ersehnte Freiheit. In den ersten Wochen und Monaten gab ich mich der Illusion hin, endlich am ersehnten Ziel zu sein.

Doch wirkliche Freiheit fand ich erst einige Jahre später.

Schon Goethe schrieb einst: »Freiheit? Wirkliche Freiheit ist bei dir da droben – die Welt ist ein Gefängnis.«

Aus der Unfreiheit des gesellschaftlichen und politischen Lebens geriet ich nun im Laufe der Zeit in die Gefahr des praktizierten Materialismus, wie er in der Bundesrepublik von den meisten Menschen ausgelebt wird. Allzu schnell ließ ich mich durch das »süße Leben«, das schnelle Geldverdienen und Schuldenmachen verführen.

Eines Tages kreiste der Pleitegeier über meinem Haupt. Ich

hatte wieder geheiratet, mein Mann wollte sich selbstständig machen, sich vergrößern und nochmals vergrößern, und ehe wir uns versahen, waren wir vom Schuldenberg so erdrückt, daß unser Fuhrunternehmen mit einem Konkursverfahren und einem Offenbarungseid endete. Der Traum vom »goldenen Westen« und dem unbegrenzten süßen Leben war ausgeträumt.

Von der Botschaft des wirklichen Befreiers, des Friedefürsten Jesus Christus, hatte ich jahrzehntelang nichts mehr gehört. Ich kannte die Worte der Bibel nicht: »Der Geist des Herrn ist auf mir, weil der Herr mich gesalbt hat. Er hat mich gesandt, den Elenden gute Botschaft zu bringen, die zerbrochenen Herzen zu verbinden, zu verkündigen den *Gefangenen* die *Freiheit,* den Gebundenen, daß sie frei und ledig sein sollen, zu verkündigen ein gnädiges Jahr des Herrn und einen Tag der Vergeltung unseres Gottes, zu trösten alle Trauernden . . . (Jes. 61, 1.2).

Äußerlich gesehen lebte ich nun in Freiheit, und doch wurde ich erneut eine Gefangene, denn Nikotin, Alkohol, Sex und geschäftliche Manipulationen brachten mich in eine andere Gefangenschaft, die sich als ebenso grausam erwies.

Endlich kam ich mit überzeugten Christen zusammen, die mir erklärten, was wirkliche Freiheit sei. In erster Linie geht es um das geordnete Verhältnis zwischen Gott und den Menschen. Mehr und mehr wurde mir klar, daß die Gottlosigkeit eine innere Unfreiheit bewerkstelligte, und ich nur in die gewünschte Freiheit durch die Erlösung von aller Schuld kommen würde.

Der Mensch hat nicht die Möglichkeit, aus eigener Kraft sein Herz und Wesen zu ändern, weil ihm von Natur aus die Einsicht in Gottes Handeln und Wollen fehlt.

Erst durch Gottes persönlichen Anruf erhält der Mensch die Freiheit zurück, indem er sich zu Jesus Christus hinwendet. Es gilt, sich dem Ruf Gottes, der das Wollen und Vollbringen bewirkt, nicht zu verschließen.

Die Sünde ist die eigentliche Gefangenschaft des Menschen, denn Jesus Christus antwortete den Zuhörern damaliger Zeit: »Wer Sünde tut, der ist der Sünde Knecht (oder auch ihr Gefangener)« (Joh. 8, 34).

Weil alle Menschen gesündigt haben, sind sie alle Gefangene des Satans. Die Tragik besteht darin, daß sich die meisten Menschen gar nicht darüber im klaren sind, daß sie stets nur von

Freiheit träumen, so wie ich es jahrzehntelang getan hatte, während ich in Wirklichkeit innerlich unheilbar krank war und für immer verlorengegangen wäre, wenn ich mich nicht zu Jesus Christus hingewandt hätte. Der Traum der selbst erwählten Freiheit endete für mich im Abgrund des Materialismus und in der Einsamkeit der Fremde.

Jesus Christus ist der Sieger über Sünde, Tod und Teufel, er hat alle, die ihm nachfolgen, zur wirklicher Freiheit berufen, denn er gab die Zusicherung: »Wenn euch nun der Sohn frei macht, so seid ihr wirklich frei« (Joh. 8,36).

Nach manchen Irrwegen und vielen Verfehlungen kam ich erst 1980 in einer bewegten Evangelisationsversammlung zum lebendigen Glauben an Jesus Christus. Jetzt wurde ich endlich vom Joch der Sündensklaverei befreit.

Ich hörte die freimachende Botschaft des Evangeliums, bekannte vor Gott und Menschen meine Sünden und ließ mit mir beten.

Ein Strom großer Freude beseelte mich, die furchtbare Angst wich, mein geplagtes Gewissen wurde still und ein nie gekannter Frieden zog in mein Herz. Das wunderbare Bewußtsein, alle Sünden, Untugenden und Schuld ist vergeben, erfüllte meine Seele.

Nachdem ich mich zu Jesus bekehrt hatte, erlebte ich endlich das, wonach sich mein Herz immer gesehnt hatte:

»Ist jemand in Christus, so ist er eine neue Kreatur. Das Alte ist vergangen, siehe, es ist alles neu geworden« (2. Kor. 5, 17).

Erst durch meine Rückkehr und persönliche Hinwendung zu Gott und durch die Gnade des Herrn wurde ich in die herrliche Freiheit der Kinder Gottes geführt. Mein einziger Wunsch ist, von der wirklichen und einzigen Freiheit, dem Zustand der Erlösung durch Jesus Christus zu berichten; »denn was nützt es dem Menschen, wenn er die ganze Welt gewönne, und nähme doch Schaden an seiner Seele?«

Dem Herrn Jesus Christus sei alle Ehre!

Christa Wollschon

Die Mauer ist gefallen

Nach Beendigung des Zweiten Weltkrieges gab es bekanntlich zwei bedeutende Städte in der Welt, die durch Mauern, und zwar vom Norden nach Süden, geteilt waren:

Jerusalem und Berlin.

Beide Städte haben in unserem Jahrhundert beachtliche Symbolkraft. Jerusalem ist der Weltmittelpunkt, den Gott zum Symbol seiner großen Heilstaten gesetzt hat, nicht zu vergleichen mit einem irdisch-religiösen Mekka, Medina oder Rom.

Jerusalem ist der von Gott für Israel und allen Nationen erwählte geistliche und einst auch wirtschaftliche und politische Weltmittelpunkt:

»So spricht Gott der Herr: das ist Jerusalem, das ich mitten unter die Heiden gesetzt habe und unter die Länder ringsumher« (Hes. 5, 5).

Der Name Jerusalem bedeutet Burg, Besitztum, Erbteil des Friedens oder Grundstein des Friedens und der göttlichen Ordnung.«

Salomo sprach in der Vollmacht des Heiligen Geistes folgende Worte:

»Seit der Zeit, da ich mein Volk aus Ägyptenland geführt habe, habe ich keine Stadt erwählt aus allen Stämmen Israels, ein Haus zu bauen, das mein Name daselbst sein sollte, und habe auch keinen Mann erwählt, das er Fürst sein sollte über mein Volk: aber Jerusalem habe ich erwählt, das mein Name daselbst sei, und David habe ich erwählt, das er über mein Volk Israel Herr sei« (2. Chron. 6, 5.6).

In der Heiligen Schrift wird der Name Jerusalem über 800mal genannt, aber wenn wir von Zion lesen, ist meist auch die Stadt Gottes gemeint:

»Darum spricht Gott, der Herr: Siehe, ich lege in Zion einen Grundstein, einen bewährten Stein, einen kostbaren Eckstein, der fest gegründet ist« (Jes. 28,16).

Diese bedeutende Stadt war nach der Proklamation des Staates Israel durch eine Mauer geteilt – es gab ein arabisches Jerusalem und ein jüdisches Jerusalem, der Inbegriff vieler Gottesverheißungen, Schauplatz größter, heiliger Offenbarungen des Schöpfers, der Ort der Welterlösung, die Achse der Welt, die Wohnung Gottes, der Nabel der Welt, ja, des großen Königs Stadt, in der die Kraft des Heiligen Geistes zu Pfingsten ausgegossen wurde, aber auch die erste Christengemeinde der ganzen Welt ins Leben gerufen wurde, diese von Gott erwählte Stadt war zerrissen durch eine willkürlich gesetzte Mauer.

Im Blitzkrieg der Israelis im Jahre 1967 drangen die Fallschirmjäger Israels in die arabische Altstadt ein und eroberten sie. Über Nacht fiel die Mauer von Jerusalem, die Stadt Gottes war wieder vereint.

In Berlin wurde in einer brutalen Nacht- und Nebelaktion am 13. August 1961 die ehemalige Reichshauptstadt durch Truppen der Nationalen Volksarmee, der Volkspolizei und der kommunistischen Betriebskampfgruppen geteilt und später eine fürchterliche Mauer mitten durch die bekannte Weltmetropole gebaut. Was kein Mensch für möglich gehalten hatte, war geschehen: Durch diese Mauer und durch Stacheldrahtzäune war die Stadt getrennt in Ost- und Westberlin. Als ein öffentliches Mahnmal des Gewissens einer ganzen Nation, ja als ein Menetekel war diese Stadt von Gott vor aller Welt durch diese Mauer gebrandmarkt. Mauern und Stacheldrahtzäune umgaben einst auch das Warschauer Ghetto. Die Konzentrationslager von Ausschwitz, Buchenwald, Treblinka und anderen waren ebenfalls von Wachtürmen und Todesstreifen umgeben. Der regierende Bürgermeister von Westberlin, Dr. Ernst Reuter, rief in einer Großveranstaltung vor dem Reichstagsgebäude:

»Völker der Erde, schaut auf diese Stadt!«

Ein fast prophetischer Hinweis, vielleicht zu vergleichen mit dem des Hohenpriesters Kaiphas, als er sagen mußte: »Es ist besser für euch, ein Mensch sterbe für das Volk, als daß das ganze Volk verderbe« (Joh. 11, 50).

»Völker, schaut auf diese Stadt!«

Hier stand einst in den dreißiger Jahren der Thron eines Statthalters der Hölle, nämlich Adolf Hitlers, gewählt von einer sogenannten christlichen Nation.

»Völker, schaut auf diese Stadt!«

Von diesem Stadtteil, der durch eine Mauer eingeschlossen war, wurde von einer zusammengerufenen Gruppe höchster Parteileute und SS-Kommandeuren aus einer Villa am Wannsee die Anweisung zur Endlösung der Judenfrage gegeben.

»Völker der Erde, schaut auf diese Stadt!«

Von hier aus gab Hitler den Befehl zu dem gewaltigsten Völkermord, den es je gegeben hat, und der über 50 Millionen Menschen das Leben kostete: Blut, Schweiß, Tränen durch Drangsalierungen, Verfolgungen, Hunger, Verderben und Tod wurden durch die Anweisungen der NS-Schergen durch ganz Europa getragen.

»Völker, schaut auf diese Stadt und gedenkt an die Worte:

»Irret euch nicht! Gott läßt sich nicht spotten. Denn was der Mensch sät, das wird er ernten« (Gal. 6, 7).

»Völker der Erde, schaut auf diese Stadt!«

Hier begannen am 9. November 1938 die Pogrome der sogenannten »Reichskristallnacht«, in der alle Synagogen brannten. Denkt an das Wort des Propheten:

»Denn so spricht der Herr Zebaoth, der mich gesandt hat, über die Völker, die euch beraubt haben: wer euch antastet, der tastet meinen Augapfel an.

Denn siehe, ich will meine Hand über sie schwingen, daß sie eine Beute derer werden sollen, die ihnen haben dienen müssen. – Und ihr sollt erkennen, daß mich der Herr Zebaoth gesandt hat« (Sach. 2, 12.13).

»Völker dieser Erde, schaut auf diese Stadt!«

Auch das Prophetenwort geht hier in Erfüllung: »Kann man auch einem Starken den Raub wegnehmen? Oder kann man einem Gewaltigen (Hitler) seine Gefangenen entreißen? So spricht der Herr: nun sollen die Gefangenen dem Starken weggenommen werden, und der Raub soll dem Gewaltigen entrissen werden. Ich selbst will deinem Gegner entgegentreten und deinen Söhnen helfen. Ich will deine Schinder sättigen mit ihrem eigenen Fleisch, und sie sollen von ihrem eigenen Blut wie von süßem Wein trunken werden. Und alles Fleisch soll erfahren, daß ich, der Herr, dein Heiland bin und dein Erlöser, der Mächtige in Jakob« (Jes. 49, 24.25).

An keinem Ort in Deutschland wurde das Prophetenwort zu solch schrecklicher Realität wie in der geteilten Stadt Berlin, wo an der Mauer kaltblütig Deutsche von Deutschen niedergeschossen wurden, weil Deutsche aus Deutschland nach Deutschland fliehen wollten. Die Mörder wurden mit hohen Auszeichnungen geehrt und befördert, weil sie sich am Blut der eigenen Landsleute vergangen hatten.

»Und ich will deine Schinder sättigen mit ihrem eigenen Fleisch und sie sollen von ihrem eigenen Blut wie von süßem Wein trunken werden.«

Was taten die Menschen nicht alles, um diese Mauer zu überwinden, um in eine äußerliche Freiheit zu gelangen.

Im Norden Berlins bildete die Friedhofsmauer an dem S-Bahnhof Wollankstraße die Grenze zwischen Ost- und Westberlin. Die Friedhofsmauer wurde nach den Maßstäben der anderen Sperranlagen verstärkt, vom hohen Wachturm konnte der gesamte Friedhof überblickt werden. Eines Tages stand ein DDR-Grenzposten auf dem Turm, schaute mit seinem Fernglas hin und wieder über die Mauer nach Westberlin. Dann prüfte er weiter das Gelände des Friedhofes – eine Trauergesellschaft, die Herren und Damen mit schwarzen Kleidern und Hüten, trug Kränze und Blumen. Das aufgeschüttete Grab lag ziemlich nahe an der DDR-Grenze – doch daran hatten sich die Posten schon gewöhnt.

Der Posten wandte sich ab und beobachtete wieder das Sperrgebiet in Richtung Westberlin. Als er nach einiger Zeit erneut zu dem aufgeschütteten Grab hinüberschaute, sah er zu seinem großen Entsetzen, wie gerade der letzte schwarzgekleidete Mann der Trauergesellschaft hinter dem aufgeschütteten Sand im Grab verschwand.

Er gab sofort Alarm, die Wachen eilten herbei, doch von der vielköpfigen Trauergesellschaft war einer nach dem andern »mit heißer Sehnsucht« durch einen als Grab getarnten unterirdischen

Gang entflohen. Man entdeckte einen von Westberlin aus ausgegrabenen Tunnel, der vom Loch der Grabenaufschüttung in das Gebiet der Freiheit führte.

Solch ein Fluchtversuch in dieser speziellen Form über den Friedhof gelang selbstverständlich nur einmal. Es wurden aber im gesamten Berliner Gebiet mehr als 100 Tunnel in verschiedener Art und Weise gebaut.

Das »Haus der Ministerien« in der DDR war in dem riesigen Gebäudekomplex des ehemaligen Reichsluftfahrtministeriums des Reichsmarschalls Hermann Göring untergebracht und berührte fast die »Staatsgrenze« der DDR.

Eines Tages war im zweiten Stockwerk des pompösen DDR-Ministeriums eine Toilette wegen »Reparaturarbeiten« gesperrt worden, so wenigstens stand es auf einem Schild an der Toilettentür. Die Fensteröffnung dieser Toilette befand sich an der Seite nach Westberlin. Ein Ingenieur hatte in monatelanger Arbeit auf seinem Privatgrundstück eine kleine Drahtseilbahn zum Personentransport gebaut und sie unauffällig in das Ministerium geschafft. An einem für ihn günstig erscheinenden Tag schloß er sich mit seiner ganzen Familie in der besagten Toilette ein und hielt sich dort verborgen. Bei Nacht verließen sie ihr Versteck und kletterten auf das Dach des Gebäudes, das durch einen Drahtzaun von Westberlin getrennt war. Auf der anderen Seite standen schon die Fluchthelfer mit einem Wagen bereit. Der Familienvater verknotete das Ende eines Seiles mit einem Hammer und warf es über den Drahtzaun zu seinen Westfreunden hinüber. Diese wiederum banden ein bereitgehaltenes Stahlseil an den Strick. So konnte der Ingenieur es zum Ministerium emporziehen und am Fensterkreuz der Toilette befestigen. Auf dem schon erwähnten selbstgebastelten, über das Drahtseil laufenden Lift verließen nun Frau, Tochter und Vater unbemerkt die DDR.

Dem Staatssicherheitsdienst blieb nur noch die Aufgabe, das Drahtseil einzuziehen.

Die Phantasie zur Flucht kannte keine Grenzen.

Ein renommierter Zeitungsfotograf wollte Aufnahmen vom sogenannten »antifaschistischen Friedenswall« machen, um mit diesen Bildern den Beweis der Friedensabsicht der DDR zu erbringen. Die Bitte wurde ihm gewährt. Da ein gewisser Geländestreifen jenseits der Mauer sehr häufig noch zum Ostberliner

Gebiet gehörte, wollte er die Männer der DDR-Grenztruppe natürlich nicht von Ostberliner Gebiet aus fotografieren, sondern von der anderen Seite. Der Fotoreporter ließ also die Grenzsoldaten zusammen mit einigen Mädchen aus der Freien Deutschen Jugend an der Westseite der Mauer aufstellen, natürlich ohne Waffen, um das »Friedensbild« nicht zu stören. Lachend saßen die uniformierten Grenzsoldaten mit den FDJlerinnen auf der Mauer bzw. davor. Der Fotograf schaute durch das Okular seiner Spiegelreflexkamera. Er ging in die Knie, um den rechten Bildwinkel in das Objektiv zu bekommen, er trat noch einen Schritt zurück und bat die Soldaten, mehr zusammenzurücken, damit er sie alle aufs Bild bekäme. Ein Offizier der Nationalen Volksarmee, der diese ganze Aktion beaufsichtigte, rief dem »linientreuen« Fotografen alarmierend zu: »Genosse, paß auf! Wenn du noch einen Schritt zurücktrittst, bist du auf Westberliner Gebiet.«

In diesem Moment sprang der Fotograf mit einem gewaltigen Satz nach hinten und rannte nach Westberlin hinein. Die waffenlosen Grenzer starrten dem DDR-Flüchtling verdutzt nach, soviel »Linientreue« hatten sie von ihrem Genossen nicht erwartet.

Dies sind nur drei Beispiele von Hunderten, die zeigen, was Menschen riskierten und wagten, um aus dem Bereich der DDR auszubrechen und in die Freiheit zu gelangen. Mancher Fluchtversuch scheiterte im Kugelhagel der Grenzsoldaten. Viele Menschen wurden an dieser Schreckensmauer erschossen.

Im Vorzimmer des bekannten Bürgermeisters von Jerusalem, Teddy Kollek, hängen drei historische Fotografien, die folgendes darstellen:

1. die Mauer von Jerusalem,
2. derselbe Standort nach dem Fall der Mauer von Jerusalem und
3. die Mauer von Berlin.

Dies ist eine ungewöhnliche Fotoserie, wenn man bedenkt, daß Teddy Kollek ja ein gebürtiger Wiener ist. Natürlich spricht diese Fotoreihe eine Predigt für sich selbst. Ob heute auch eine Fotografie von der gefallenen Mauer Berlins die Fotoreihe ergänzt, entzieht sich meiner Kenntnis.

Doch der große Umschwung, die sogenannte Wende, begann mit den Friedensgebeten in Leipzig, Dresden, Berlin und an tausend anderen Orten in Ost und West. Die Grundlage der gewaltlosen Revolution war die Bergpredigt Jesu.

> »Selig sind, die da geistlich arm sind; denn ihrer ist das Himmelreich.
> Selig sind, die da Leid tragen; denn sie sollen getröstet werden.
> Selig sind die Sanftmütigen; denn sie werden das Erdreich besitzen.
> Selig sind, die da hungern und dürsten nach der Gerechtigkeit, denn sie sollen satt werden.
> Selig sind die Barmherzigen; denn sie werden Barmherzigkeit erlangen.
> Selig sind die Friedfertigen; denn sie werden Gottes Kinder heißen« (Matth. 5, 3-9).

Jahrelang habe ich als Angestellter in der Ostberliner kommunistischen Verwaltung Spott und Hohn über das Zeugnis des Evangeliums und die Gemeinde Jesu zu hören bekommen. Immer wieder wurde ich provoziert, ein Zeugnis von Jesus zu geben und habe dabei die beste Gelegenheit gehabt, meinen Glauben an den Sohn Gottes vor allerhöchsten Staatsfunktionären der DDR zu bekennen. Mit beißender Ironie wurde alles Heilige von ihnen in den Schmutz getreten.

Hätte ich damals dem Erzkommunisten und persönlichen Freund des Generalsekretärs der SED Walter Ulbricht, dem Genossen Erich Weinert, der mein persönlicher Vorgesetzter war, prophezeit: »Selig sind die Sanftmütigen, sie werden das Erdreich besitzen«, hätte er mich schallend ausgelacht und mir geantwortet: »Die Diktatur des Proletariats und die organisierten Kräfte der Arbeiterklasse, die Verteidiger der Ideologie des Marxismus-Leninismus, werden durch die Arbeiter- und Bauernmacht ein unüberwindliches Bollwerk für alle Zeiten sein!«

Dennoch waren die Gebete und Bekenntnisse der Sanftmütigen stärker als Panzer, Maschinengewehre, Wasserwerfer, Düsenkampfflugzeuge, Mauern, Terrorlager, Gefängnisse der Stasi und aller Helfershelfer der grausigen Diktatur von gottlosen Machthabern. Alle Sperranlagen, Abhördienste und Bespitzelungsnetze reichten nicht aus, um der gewaltigen Vollmacht des Evangeliums zu widerstehen.

Bei einer großen Israelkonferenz im Jahre 1988 im »Internationalen Congreß Centrum« (ICC) am Westberliner Funkturm, wo sich an 3000 Menschen zum 50. Jahrestag der Reichskristallnacht versammelten, wurde immer wieder aufgefordert, an die schreckliche Schandmauer zu gehen, um dort zu beten, daß Gott dem deutschen Volk nach 50 Jahren grausamer Teilung doch ein gnädiges Halljahr geben möge, ein Jahr der Befreiung und des Jubels, wo die Unterjochten und die Sklaven frei werden und der Grundbesitz dem Eigentümer zurückerstattet werden sollte, so wie auch jeder Bewohner Israels im Halljahr der Besitz und die persönliche Freiheit wiedergegeben werden mußte, damit er sein Leben unter freiheitlichen Bedingungen noch einmal beginnen konnte (siehe 3. Mose 25, 8-16 und 23-55).

Daß Gott den Bewohnern der DDR ein solch gnädiges Jahr des Herrn so bald schenken sollte, war damals noch nicht vorauszusehen. Zu Hunderten gingen die Besucher der Israelkonferenz an die Mauer und beteten, damit dieses grausige Schandmal endlich fallen sollte. Nicht nur sie, sondern Unzählige mit ihnen beteten Jahr für Jahr an Tausenden Orten in Ost und West, und ihre Gebete wurden so schnell und gnädig erhört. Die friedliche und unblutige Revolution ist ein Wunder vor unseren Augen und eine gnädige Heimsuchung Gottes, der in seiner Barmherzigkeit dem deutschen Volk diese Wiedervereinigung geschenkt hat.

Deutsche sind bekannt für ihre bestechende Gründlichkeit. Ich bin davon überzeugt, daß Gottes gnädiges Walten und die Erhörung der unzähligen Gebete bewirkt haben, daß die gewaltige Kampfkraft der Stasi und aller bewaffneter Verbände ein ungeheuerliches Blutbad verhindert haben.

Äußerlich gesehen begann alles mit Glasnost und Perestroika, das heißt Öffnung und Veränderung. Der später mit dem Friedens-Nobelpreis ausgestattete Generalsekretär der KPDSU Michail Gorbatschow prägte die Worte: »Wer zu spät kommt, den bestraft das Leben!«

Das gilt auch im Geistlichen. Alle Menschen leben durch ihre Sünden und den Aufruhr wider Gott in Feindschaft gegeneinander. Sie müssen sich der Liebesbotschaft des Evangeliums öffnen und durch den Geist Gottes eine einschneidende Veränderung in ihrem Herzen erfahren.

Jedem ist die Gnadenbotschaft angeboten, wer aber zu spät

kommt, wer sich also in diesem Leben nicht zu Jesus Christus bekehrt, den bestraft das »ewige« Leben.

Ein falsch geführtes Leben, das bleibend hinter der »schrecklichen Mauer« der Gottesferne ohne Umkehr geführt wird, bringt dem sündigen Menschen die ewige Verdammnis.

Das heißt: an dem Ort der ewigen Unfreiheit ist er für immer getrennt von dem Schöpfer und seiner Liebe, seinem Frieden, seiner Freude, seiner Barmherzigkeit und der Geborgenheit , und dies bedeutet Hölle.

Was bedeuten eigentlich Mauern? Nur Negatives? – Ganz gewiß nicht. Ein altes Sprichwort lautet: »Heilig sind Stadtmauern, Dorfzäune und andere Mauern, die Heilige einschließen.«

Martin Luther schrieb auf der Wartburg:

»Ein feste Burg ist unser Gott,
ein gute Wehr und Waffen;
er hilft uns frei aus aller Not,
die uns jetzt hat betroffen.«

David, der erfahrene Feldherr und König, ruft zu Gott:

»Sei wie ein starker Fels und wie eine Burg, das du mir helfest. Denn du bist mein Fels und meine Burg, und um deines Namens willen wollest du mich führen und leiten« (Psalm 31, 3.4).

»Sei mir ein starker Hort, zu dem ich immer fliehen kann, der du zugesagt hast, mir zu helfen, denn du bist mein Fels und meine Burg. Mein Gott, hilf mir aus der Hand des Gottlosen, aus der Hand des Ungerechten und Tyrannen« (Psalm 71, 3.4)

Die Burg im Mittelalter war ein Sinnbild des Schutzes, der Festigkeit und der Geborgenheit. Hinter Burgmauern zu wohnen, bedeutete Sicherheit. Mauern können also ein Sinnbild geschlossener Festigkeit sein.

Es gibt aber auch Gefängnis- und Zuchthausmauern. Europas größte Mauer glich einem Staatsgefängnis im Osten.

In der Bibel lesen wir auch von den unsichtbaren und sichtbaren Mauern: ». . . durch den Glauben fielen die Mauern von Jericho« (Hebr. 11, 30).

Die erste Trennmauer, von der wir erfahren, wurde schon in der ersten Zeit der Menschheitsgeschichte gezogen und zwar durch Gott den Schöpfer:

»Und Gott der Herr sprach: Siehe, der Mensch ist geworden wie unsereiner und weiß, was gut und böse ist. Nun aber, daß er nur nicht ausstrecke seine Hand und breche auch von dem Baum des Lebens und esse und lebe ewiglich!

Da wies ihn Gott der Herr aus dem Garten Eden, daß er die Erde bebaute, von der er genommen war. Und er trieb den Menschen hinaus und ließ lagern vor dem Garten Eden die Cherubim mit dem flammenden, blitzenden Schwert, zu bewachen den Weg zu dem Baum des Lebens« (1. Mose 3, 22-24).

Die Aussperrung des Menschen aus dem Paradies brachte ihm große Not, Sünde, Verlassenheit und Todesnacht. Der Mensch hat das Paradies durch seine Schuld verloren, Engel Gottes umgaben es mit einem heiligen Zaun. Erst durch den Herrn Jesus Christus ist das Paradies wieder für uns offen. Nur durch ihn allein können wir in das neue Paradies eingehen.

»Gerechtigkeit erhöht ein Volk; aber die Sünde ist der Leute Verderben« (Spr. 14, 34).

Die Mauer zwischen dem Menschen und dem Schöpfer wird von uns gezogen. So spricht der Prophet Jesaja:

»Wisse wohl, der Arm des Herrn ist nicht zu kurz zum Helfen und sein Ohr nicht zu taub zum Hören, sondern eure Verschuldungen sind die Scheidewand zwischen euch und eurem Gott, und eure Sünden haben sein Angesicht zugedeckt vor euch, daß er euch nicht hören kann. Eure Hände sind besudelt mit Blut und eure Finger mit Schuld; eure Lippen reden Lüge und eure Zunge Unwahrheiten« (Jes. 59, 1-3 Bruns).

Jesus Christus kam, um uns aus der Finsternis der Gottlosigkeit zu erlösen, die Trennmauer zerriß, der Weg zum Paradies geht über Golgatha:

». . . durch die herzliche Barmherzigkeit unseres Gottes, durch die uns besuchen wird das aufgehende Licht aus der Höhe, damit es erscheine denen, die sitzen in Finsternis und Schatten des Todes, und richte unsere Füße auf den Weg des Friedens (Lukas 1, 18.19).

». . . und siehe da, der Vorhang im Tempel zerriß in zwei Stücke von obenan bis untenaus« (Matth. 27, 51).

Der dreißig Ellen lange und schwere Vorhang im Tempel, der symbolisch die Trennung des ewigen Gottes von den Sünden darstellte, zerriß, und der Weg ins Allerheiligste, ins Paradies war wieder frei – die Trennmauer zwischen Gott und dem Menschen ist durch die vollgültige Erlösung des Lammes Gottes geschehen. Alle Gefangenen der Sünde, die guten Willens sind, die Erlösung in Anspruch zu nehmen, werden frei.

Die unnatürliche Trennmauer zwischen Juden und Nichtjuden wird einst auch fallen und alle Gläubigen des ewigen Gottes werden in einer Gemeinde versammelt sein:

»Nun aber seid ihr in Christus aus der Ferne in die Nähe gekommen durch sein Blut. Denn er selbst ist unser Friede. Er hat aus beiden (Juden und Heiden) ein Ganzes gemacht und die Grenzmauer, die uns trennte, hinweggetan. Er hat dadurch, daß er seinen Leib in den Tod gab, der Feindschaft ein Ende gemacht und das Gesetz mit seinen fordernden Geboten außer Kraft gesetzt, Frieden gestiftet, indem er die beiden (Juden und Heiden) in seiner Person zu einem »neuen Menschen« umschuf. Er versöhnte so die beiden in einem Leibe mit Gott, in dem er ans Kreuz ging. Dort schaffte er die Feindschaft aus der Welt. So ist er gekommen, die frohe Botschaft des Friedens zu bringen: euch, den Fernen, und uns, den Nahen. Durch ihn haben wir jetzt den Zutritt zum Vater, beide – in dem einen (Heiligen) Geist (Eph. 2, 13-18 Bruns).

Und dennoch gibt es eine undurchdringliche Mauer – nämlich eine zwischen den Menschen guten Willens, die die Erlösung angenommen haben und denen, die zäh an der Sünde festhalten:

». . . und überdies besteht zwischen uns und euch eine große Kluft (eine Scheidewand), daß niemand, der von hier zu euch hinüber will, dort hinkommen kann, und auch niemand von dort zu uns herüber« (Luk. 16, 26).

Deshalb sollen wir dringend und zur rechten Zeit die wahre Freiheit aus den Zuchthausmauern der Sünde suchen. Durch die Gnade Jesu Christi wird uns das gelingen.

»Wer zu spät kommt, den bestraft das (ewige) Leben.« Wer zur Entrückung und zur Auferstehung nicht voll des Heiligen Geistes ist, der verspielt das ewige Leben – bereit sein ist alles!

»Taube Ohren machen blind – auch geistlich gesehen!«

Das große Signal zur Freiheit war am 9. November 1989 gegeben – noch nie in meinem Leben habe ich so viele Menschen jubeln und weinen gesehen wie in diesen Tagen und Wochen seit der Maueröffnung.

Im übertragenen Sinn konnte man den Text des Jesaja-Wortes auf Ostdeutschland und die Ostblockstaaten beziehen:

»Das Volk, das im Finstern wandelt, sieht ein großes Licht, und über denen, die da wohnen im finstern Land, scheint es hell. Du weckst lauten Jubel, du machst groß die Freude. Vor dir wird man sich freuen, wie man sich freut in der Ernte, wie man fröhlich ist, wenn man Beute austeilt. Denn du hast ihr drückendes Joch, die Jochstange auf ihrer Schulter, und den Stecken ihres Treibers zerbrochen wie am Tage Midians. Denn jeder Stiefel, der mit Gedröhn daher geht, und jeder Mantel, durch Blut geschleift, wird verbrannt und vom Feuer verzehrt« (Jes. 9, 1-4).

Ja, es war ein unbeschreiblicher Jubelsturm, als die Menschen aus Ostdeutschland vom drückenden Joch des Kommunismus befreit und von dem Gedröhn der Stiefel der machtbesessenen Unterdrückungsmannschaft erlöst wurden.

Doch täuschen wir uns nicht: Freiheit ohne Erlösung bedeutet geistlichen Tod, sie bedeutet in den Sündenketten und der Sklaverei der Hölle zu bleiben.

Deshalb sollen wir täglich beten: ». . . und erlöse uns von dem Bösen.«

Nur die göttliche Erlösung schafft wahren Frieden.

Dr. Martin Luther schrieb einst die Worte: »Wer nicht mehr hat als seinen freien Willen und seine sogenannten guten Werke hat, wandert unweigerlich in die Hölle.«

Der Weg in diese ewige Unfreiheit ist bekanntlich mit guten Vorsätzen gepflastert.

Der Mensch wurde von Gott zur herrlichen Freiheit berufen und liegt doch überall in Ketten der Sünde, der Untugend und der Leidenschaften gefangen und gebunden in der Meinung, er sei frei.

Ein Mensch ohne Gott ist frei wie ein Vogel in einem großen Vogelkäfig, er kann innerhalb gewisser Maschendrähte hin- und herfliegen und glaubt, die Freiheit zu besitzen.

Als einer der DDR-Bürger damals in Westdeutschland angekommen war, rief er aus: »Ich glaube, ich bin im Himmel. Endlich für immer frei!«

Wer Reisefreiheit besitzt oder sich in den überladenen Supermarkt begibt, ist deshalb noch nicht im Himmel – vielleicht in einem irdischen Paradies – das sich letzten Endes auch als sehr trügerisch erweist.

»Auch die Freiheit muß ihren Herrn haben,« sagt ein Weltweiser. »Wen der Sohn frei macht, der ist recht frei!« lehrte der Gottessohn. Jesus Christus ist der herrliche Durchbrecher aller Mauern:

»Er wird als ein Durchbrecher vor ihnen heraufziehen; sie werden durchbrechen und durchs Tor hinausziehen, und der König wird vor ihnen hergehen und der Herr an ihrer Spitze« (Micha 2, 13).

Die endgültige große Wiedervereinigung aller Erlösten im himmlischen Jerusalem wird dann unvorstellbare Jubelstürme auslösen: »Wenn der Herr die Gefangenen Zions erlösen wird, so werden sie sein wie die Träumenden. Dann wird unser Mund voll Lachens und unsere Zunge voll Rühmens sein. Dann wird man sagen unter den Heiden: der Herr hat Großes an ihnen getan! Der Herr hat Großes an uns getan, des sind wir fröhlich. Herr, bringe unsere Gefangenen, wie du die Bäche wiederbringst im Südland. Die mit Tränen säen, werden mit Freuden ernten. Sie gehen hin und weinen, und streuen ihren Samen und kommen mit Freuden und bringen ihre Garben« (Psalm 126, 1-6).

Das neue Jerusalem wird wieder eine Stadt mit großen Mauern sein, aber diese Mauern sind nicht von Menschen erbaut. Das Heil des Paradieses hat uns Gott durch seinen Sohn Jesus Christus geschaffen. Von dieser endgültigen Wiedervereinigung und dem Heil der Erlösten handeln die bekannten Verse: »Und er führte mich hin im Geiste auf einen hohen Berg und zeigte mir die heilige Stadt Jerusalem niederkommen aus dem Himmel von Gott, die hatte die Herrlichkeit Gottes; ihr Licht war gleich dem alleredelsten Stein, einem Jaspis, klar wie ein Kristall; sie hatte eine große und hohe Mauer und hatte zwölf Tore, und auf den Toren zwölf Engel, und Namen darauf geschrieben, nämlich die Namen der zwölf Stämme der Israeliten. Und ich sah einen neuen Himmel und eine neue Erde; denn der erste Himmel und die erste Erde sind vergangen, und das Meer ist nicht mehr. Und ich sah die heilige Stadt, das neue Jerusalem, von Gott aus dem Himmel herabkommen, bereitet wie eine geschmückte Braut für ihren Mann. Und ich hörte eine große Stimme vom Thron her, die sprach: siehe da, die Hütte Gottes bei den Menschen! Und er wird bei ihnen wohnen, und sie werden sein Volk sein, und er selbst, Gott, wird mit ihnen sein.

Und Gott wird abwischen alle Tränen von ihren Augen, und der Tod wird nicht mehr sein, noch Leid noch Geschrei noch Schmerz wird mehr sein; denn das Erste ist vergangen. Und der auf dem Thron saß, sprach: Siehe, ich mache alles neu! Und er spricht: Schreibe, denn diese Worte sind wahrhaftig und gewiß« (Offb. 21, 1-5).

Jost Müller-Bohn

Weitere Bücher von Jost Müller-Bohn im Verlag Johannis, 7630 Lahr:

Jerusalem – du Ewige
Eine geistliche Führung durch die Heilige Stadt im Zusammenhang mit der Erstaufführung der Matthäuspassion von Johann Sebastian Bach

TELOS-Präsente 72153
188 Seiten

Zwanzig Jahre nach der Gründung des Staates Israel wurde in Jerusalem die Matthäus-Passion von J. S. Bach erstmals aufgeführt. Dieses Ereignis und die hitzigen Auseinandersetzungen und die Debatten aus diesem Anlaß bilden den Rahmen dieser interessanten Erzählung.

Adolf Hitler –
Verführer der Christenheit
Die Magie eines Antichristus

TELOS-Präsente 72171
208 Seiten + 12 Bildseiten, Leinenband mit Schutzumschlag

Wie war es möglich, daß es im Lande der Reformation zu solch einer Tyrannei kommen konnte? Mit welcher Kraft und aus welchem Geist handelte Hitler? Diese Fragen und die Warnung vor der zukünftigen Weltdiktatur des Antichristus stehen im Mittelpunkt dieses Buches.

Weitere Bücher von Jost Müller-Bohn im Verlag Johannis, 7630 Lahr

Trost und Freud zu jeder Zeit
Paul Gerhardts Lieder im Wandel der Jahrhunderte

TELOS-Paperback Nr. 72306
176 Seiten, 8 Abb.

Eine Paul-Gerhardt-Darstellung ganz besonderer Art. Der Autor erzählt, wie bekannte Persönlichkeiten, u. a. J. S. Bach, General von Zieten, Königin Luise von Preußen, Adrian L. Richter, Dietrich Bonhoeffer u. a. m., durch verschiedene Lieder des großen Dichters Trost und Hilfe erlebten.

Noahs letzte Taube
TELOS-Paperback 72335
168 Seiten, illustriert

Die Geschichte der Taube Sulamith ist ein auffälliges Gegenstück zu dem weltbekannten Buch »Die Möwe Jonathan«. In »Noahs letzte Taube« wird der wahre Erlöser in den Mittelpunkt gestellt. Zuversicht, trotz aller Gefahren, neue Glaubenshoffnung für unsere Schöpfung kommt zum Ausdruck.